文化名人与文化景观
——2016年北京八家名人故居纪念馆活动纪实

北京八家名人故居纪念馆 编著

中国社会科学出版社

图书在版编目（CIP）数据

文化名人与文化景观：2016年北京八家名人故居纪念馆活动纪实 / 北京八家名人故居纪念馆编著. —北京：中国社会科学出版社，2017.4
ISBN 978 - 7 - 5203 - 0218 - 0

Ⅰ.①文… Ⅱ.①北… Ⅲ.①名人—故居—介绍—北京—2016 Ⅳ.①K878.2

中国版本图书馆CIP数据核字（2017）第078320号

出 版 人	赵剑英
责任编辑	郑 彤
责任校对	周 昊
责任印制	李寡寡

出　　版	中国社会科学出版社
社　　址	北京鼓楼西大街甲158号
邮　　编	100720
网　　址	http://www.csspw.cn
发 行 部	010 - 84083685
门 市 部	010 - 84029450
经　　销	新华书店及其他书店
印　　刷	北京明恒达印务有限公司
装　　订	廊坊市广阳区广增装订厂
版　　次	2017年4月第1版
印　　次	2017年4月第1次印刷
开　　本	710×1000 1/16
印　　张	17.75
字　　数	291千字
定　　价	78.00元

凡购买中国社会科学出版社图书，如有质量问题请与本社营销中心联系调换
电话：010 - 84083683
版权所有　侵权必究

编 委 会

编委会委员（以姓氏笔画为序）

王红英　艾　多　李　游

刘　祯　刘维薇　刘曦光

张玉刚　赵笑洁　郭丽娜

高小龙　秦华生　黄乔生

主　　　　编　赵笑洁

执 行 主 编　张　勇

编 辑 部 主 任　刘慧利　郭丽娜

图 文 设 计　王　静　张　燕

八家名人纪念馆　宋庆龄故居

李大钊故居

北京鲁迅博物馆（北京新文化运动纪念馆）

郭沫若纪念馆

茅盾故居

老舍纪念馆

徐悲鸿纪念馆

梅兰芳纪念馆

目　　录

前言 …………………………………… 赵笑洁　张　勇（1）

● **理论前沿**

北京鲁迅博物馆的学术道路
　　——"鲁迅遗产与当代中国"国际学术研讨会
　　开幕词 ………………………………… 黄乔生（3）
梅兰芳与文化传播 ……………………………… 刘　祯（9）
梅兰芳的艺术特色与表演体系 ………………… 秦华生（24）
寻找西三条 ……………………………………… 钱振文（30）
宋庆龄关于促进祖国统一的思想 ……………… 李雪英（41）
"让文物活起来"的现实应对和策略选择
　　——以郭沫若纪念馆文化活动为例 ……… 张　勇（51）
浅谈名人故居利用自身红色旅游资源 ………… 刘　洋（60）
浅谈郭沫若纪念馆在什刹海文化景观中的作用 … 王　静（69）

● **影像手札**

我出访新西兰的收获和感想 …………………… 魏　建（81）

蓝色的记忆 ……………………………………………… 张　勇（85）
我参加八家名人纪念馆几次巡展活动的经历 …………… 佟　刚（90）
远赴东瀛　共话友情
　　——漫谈日本"郭沫若与田汉"展 ………………… 徐　萌（94）
贺州巡展有感 …………………………………………… 徐福山（99）

● 走进故居

李大钊故居印象 ………………………………………… 李建生（103）
鲁博访学记 ……………………………………………… 姬学友（107）
白果树下的院子 ………………………………………… 刘　奎（113）
嫣然一笑竹篱间
　　——记郭沫若北京故居中的两株海棠树 ………… 周维东（117）
丹柿小院：北京的符号 ………………………………… 史　宁（121）

● 媒体视野

走进郭沫若故居 ……………………………………………（127）
体会老舍的北京情 …………………………………………（141）
鲁迅大先生的漂泊 …………………………………………（150）
徐悲鸿的传奇人生 …………………………………………（165）
茅盾最后六年的人生 ………………………………………（175）
走进梅兰芳故居 ……………………………………………（185）
李大钊的革命人生 …………………………………………（194）
伟大女性宋庆龄的不凡人生 ………………………………（208）

经典案例

"文化名人与民族精神"展览走进广西贺州 …………… （223）

漫说八馆

宋庆龄故居 …………………………………………… （233）
李大钊故居 …………………………………………… （238）
北京鲁迅博物馆（北京新文化运动纪念馆）………… （243）
郭沫若纪念馆 ………………………………………… （248）
茅盾故居 ……………………………………………… （252）
老舍纪念馆 …………………………………………… （257）
徐悲鸿纪念馆 ………………………………………… （261）
梅兰芳纪念馆 ………………………………………… （265）

后记 …………………………………………………… （270）

前　言

赵笑洁　张　勇

2016年国际博物馆日的宣传主题是"博物馆与文化景观"（Museums and Cultural Landscapes）。这一主题的提出，突破了"博物馆是为社会及其发展服务的非营利的永久机构，并向大众开放。它为研究、教育、欣赏之目的征集、保护、研究、传播并展示人类及人类环境的见证物"[①]的界定，扩展了博物馆价值的内涵和外延，并为博物馆增添了更加多元的文化内蕴。

"博物馆与文化景观"宣传主题突出了"物"与"人"的关系，不仅赋予"物"以生命的内涵，更是"自然的人化"与"人化的自然"在博物馆领域中的具体体现。这也改变了博物馆主要是保护、展示和传播自身收藏的传统观念认知，更为重要的是，提供给观众认知博物馆作为一种现代文化价值存在的方法和途径，特别是对以文化名人为主的博物馆，更加具有深远的意义。

伴随着各类专业博物馆的发展，近些年来，以历史文化名人为主体的博物馆——名人故居纪念馆也如雨后春笋般地成立起来，这些名人故居纪念馆有着自己先天的特征和优势，它们既具备一般博物馆以展览为主的特征，自身也具有名人生活场所的特性。由于他们所展示的主体大

---

① 姜涛、俄军编著：《博物馆学概论》，兰州大学出版社2014年版，第24页。

多为广大民众所熟知的中国历史上重要的文化人物,所以,这类博物馆更加具有亲和力和吸引力。以中国20世纪文化名人命名的北京八家名人故居纪念馆,就是这种类型博物馆的代表,他们因其特殊的文化内涵,吸引着公众参观的热情。以郭沫若纪念馆为例,每年到馆里参观的人数有5万余人。另外,每年还有主题展和外展,参观这些主题展览的人数更是超过了10万人。一些免费开放的名人故居博物馆的参观人数更是居高不下,如北京茅盾故居就是免费向观众开放的,它每年接待参观的人数约为10万人。这些参观的观众中,从年龄上看,大到耄耋老者,小到由家长牵手的顽童;从学历上看,既有高级学者,也有普通群众。因此,文化名人类博物馆已经成为社会公共教育的重要场所,也是普及社会科学知识、传播传统文化的有效阵地。为了更好地加强对公众的教育,各个文化名人故居纪念馆纷纷改善展陈设施,增加先进的展览手段和技术手段,采取各种措施吸引观众。不可否认,经过上述方式的提升后,观众参观的外在环境有了极大的改观,但是只有这些是不够的,文化名人故居纪念馆除了让观众知晓这些人物的基本信息之外,更应该宣扬文化名人的精神内涵。如何将这些文化精神内化为观众的审美认知,这是目前名人故居纪念馆展览方面应该首先考虑的问题,而"博物馆与文化景观"理念的提出,较好地解答了这个问题。

　　文化名人的居住,使原本普通的建筑有了鲜明的文化色彩,文化名人也因这些建筑的存在而具有更加鲜活的自然属性,体现了文化名人故居纪念馆物与人、景与境完美结合的特征。

　　现代文化名人的故居,当然也具有这样的特色,北京八家名人故居更是如此。浓郁的京味文化特别是建筑文化艺术,是北京八家名人故居纪念馆最典型的体现。北京八家名人故居纪念馆大多坐落于老北京的胡同中,都是原汁原味的北京四合院建筑。例如位于前海西街18号的郭沫若纪念馆,原本就是一座清末所建的四合院,与同时期保留下来的建筑相比,并无独特之处,更有甚者,据传它原为恭王府的马厩。但是

前言

1963年，郭沫若搬来至此并居住了15年之久，使得这所深宅大院具有了新的历史价值和文化底蕴，馆内众多的自然景观都因郭沫若的存在而具有了不同的意味。如一进院落就能看到的从西四胡同大院移植而来的银杏，原本是一棵普通的树，但被郭沫若称为"妈妈树"后，就具有了寄托亲情思念和生命哲理思考的内涵了。同样，坐落于东城区灯市口西街丰富胡同19号的老舍纪念馆，是比较典型的老北京普通百姓的四合院。虽然整个院落空间狭小，内部陈设也朴实无华，但是院子的摆设却错落有致，干净整洁。院内的树木种植、鱼缸放置、屋内的桌椅茶几、文房物品等，无不显示出房屋主人的文化格调和精神品格。从这些方面我们可以清晰地看出老舍在北京生存的环境，这些物件、这样的布局，都能从老舍的作品中找到相关的影像，这些原本凝固的物体也被生动化，并被赋予新的活力。

无论是坐落于寻常巷陌中的北京普通四合院建筑，如茅盾故居、老舍故居、梅兰芳纪念馆，还是承袭于王公旧宅的深宅豪院，如宋庆龄故居、郭沫若纪念馆，或是经过扩建和重建了的李大钊故居、北京鲁迅博物馆、徐悲鸿纪念馆，每当你走进这些名人故居纪念馆，就能够感受到扑面而来的民俗文化氛围，它们的每一处建筑无不有一段述说不尽的典故，每一个角落也都有一段可以描述的历史，每一个雕梁更有着无限的艺术魅力，这就是中国传统民俗文化的呈现。北京八家名人故居纪念馆通过各自不同的建筑风格，展示了生动多样、丰富多彩的民族文化。

2016年，北京八家名人故居围绕着"博物馆与文化景观"（Museums and Cultural Landscapes）的宣传主题，在郭沫若纪念馆举行了一场别开生面的"行走式"文化景观体验。活动分为三项内容：一是八家名人故居纪念馆三大主题展览巡展启动仪式暨向青少年赠书仪式；二是参观八家名人故居纪念馆主题展览之一《文化名人与文化景观——名人·名居·名树》以及由郭沫若纪念馆和北京市文物局图书资料中心共同主办的《传承与创新——名人、名拓与郭沫若碑拓精选展》；三是

文化名人与文化景观

"银杏树下"系列文化活动之"古琴表演"及自由交流活动。这三项活动在馆内分三个场地进行，让大家充分感受到作为文化景观的典型代表——名人故居文化景观的文化氛围。行走在庭院中，庭院浸于自然中，人与建筑、自然三位一体，成为动静相宜的文化景观。这场文化景观体验活动，使自然景观因名人的存在而具有了深厚的文化内涵。如果没有人的存在，原来的房屋就是单纯的屋架结构，但浸染上文化名人的印记后，这些景观便有了生命，它们成为"活"的生物。而文化名人也因周围自然景观的存在，规约了他们的艺术创作和美学追求的范畴，这不正是"自然的人化和人化的自然"最好的诠释吗？

"博物馆与人文景观"作为一个全新的范畴，进入我们关注的视野之中，这是博物馆文化内涵提升的一个重要途径，也是博物馆发展的更高境界。

理论前沿

北京鲁迅博物馆的学术道路
——"鲁迅遗产与当代中国"国际学术研讨会开幕词

黄乔生

为了纪念现代中国文化大师鲁迅先生诞辰 135 周年、逝世 80 周年，北京鲁迅博物馆举办"鲁迅遗产与当代中国"国际学术研讨会，北京鲁迅博物馆也迎来 60 周年馆庆。我谨代表北京鲁迅博物馆，向前来参会的国内外专家学者表示热烈的欢迎和衷心的感谢！

北京鲁迅博物馆是以位于北京市阜成门内大街宫门口三条 21 号的鲁迅故居为依托而建立的社会科学类人物博物馆。鲁迅旧居是一个小型四合院，是鲁迅 1924 年购买并自己设计改建的，鲁迅在此生活了两年多。在这个小院里，鲁迅写作《华盖集》《华盖集续编》《野草》三本文集和《彷徨》《朝花夕拾》《坟》中的部分篇章。这是鲁迅创作的高峰期，作为文学家的鲁迅在这里成熟。1947 年 6 月鲁迅夫人朱安病逝，中共地下党组织以申请北平高等法院查封财产的方式，把旧居保护起来。1949 年 10 月 19 日，正值鲁迅逝世 13 周年纪念，故居开放供公众参观。1954 年初，文化部决定在故居旁建立鲁迅博物馆，1956 年 10 月 19 日鲁迅逝世 20 周年纪念日，北京鲁迅博物馆正式对外开放。

建馆之初，鲁迅博物馆即重视学术研究工作，不但对鲁迅的藏书进行了整理编目，印成《鲁迅手迹和藏书目录》，而且派人到旧书市场，为多数鲁迅藏书购买了副本。"文化大革命"后期，在毛泽东主席对鲁

文化名人与文化景观

迅研究的关心和支持下，成立了鲁迅研究室，从全国抽调专家学者到北京。研究室后来成为鲁迅博物馆的一部分，大大充实了博物馆的研究力量。研究室成立后，编辑出版《鲁迅年谱》《鲁迅手稿全集》《鲁迅大辞典》等，使博物馆的业务工作取得飞跃发展。鲁迅研究室编辑出版的《鲁迅研究资料》《鲁迅研究动态》，在当时学术界产生很大影响。《鲁迅研究动态》后来更名为《鲁迅研究月刊》，截至目前共出版400多期，是全国社科核心期刊。进入21世纪以来，博物馆坚持学术立馆的宗旨，在收藏、展览和社会教育方面取得令人瞩目的成就。

多年来，博物馆不断拓宽收藏渠道，征集到大量的鲁迅及其他文化名人文物。截至目前，馆藏文物、图书等藏品达7万余件。主要有鲁迅的手稿、生平史料、藏书、藏画、藏碑拓片、藏友人信札等；还有大量的鲁迅著、译、辑、编著作和鲁迅研究著作、现代新旧期刊；此外还有大量中外美术作品。博物馆藏品的一个突出特色，是鲁迅同时代人物如许寿裳、钱玄同、瞿秋白、萧红等人的文物。根据本馆的性质和功能，北京鲁迅博物馆确立了鲁迅及新文化文献，近现代文献，版画及相关美术品等特色收藏体系。

博物馆既重视提高，也重视普及，在向大众传播鲁迅精神方面进行了积极的探索，充分发挥馆藏文物资源优势，采取"走出去""引进来"的方式，举办了一系列紧密结合馆藏特色和受众特点的展览和社会教育活动。常设展览"鲁迅生平展"和临时展览"鲁迅的读书生活""中国战斗——抗战版画""朝花夕拾——鲁迅的美术世界""引玉——鲁迅藏外国版画展"等，都是在深厚的学术研究基础上制作的，深受观众欢迎。

学术研究对收藏、保护和展示鲁迅文化遗产所起的引领作用，是怎么强调也不过分的。

北京鲁迅博物馆学术研究的特点，是依靠馆藏优势，从基本材料出发，以事实为依据下判断，这对夯实鲁迅研究学科基础至关重要。对鲁迅生平史实的调查和考证，是一项基本工作，博物馆编纂的《鲁迅年谱》，正是在这个研究过程中收集和辨别资料的成果。研究人员整理和研究鲁迅手稿，有助于鲁迅文集的编辑和校订。在对文物文献资料整理和遴选的基础上，博物馆编辑的《鲁迅回忆录》《回望鲁迅》等丛书，学界至今仍用作参考书；对鲁迅生平史实进行考订和辨证的著作，至今仍为学界看重。20世纪80年代以后，鲁迅博物馆编辑出版的《鲁迅研究资料》二十多卷，刊登大量馆藏文献和博物馆研究人员的整理成果，为鲁迅研究学科的基本建设做出了贡献。

鲁迅博物馆对鲁迅的藏书进行了系统的研究。对作家藏书的研究，有助于了解作家的知识结构和思想倾向。鲁迅博物馆得天独厚，较为完整地保存了鲁迅藏书，并且较早开展这方面的研究，出版了《世纪之交的文化选择——鲁迅藏书研究》《鲁迅藏书志》等专著。博物馆还联合国内外高等院校、研究所的多语种、多学科专家学者，成立鲁迅外文藏书研究小组，已经发表大量成果。

因为有了坚实的文物、文献基础，博物馆在学术研究中开辟出新的领域，解决了一些长期困扰学界的问题。例如，鲁迅是中国现代文化遗产保护事业的推动者和实践者，1912—1926年，先后就职于南京临时政府和北洋政府教育部，曾任教育部社会教育司第一科科长、佥事，主管的领域就包括博物馆、图书馆、美术馆以及古物调查和收集、文艺创作、图书出版、音乐戏剧演出等事项。这个工作对他的文学创作和学术研究产生了一定影响。过去，这方面的研究不充分，甚至还有贬低和否定这种影响的趋向。博物馆注重收集相关资料，研究人员就此问题撰写了多篇论文，取得了有价值的学术成果。又如，博物馆研究人员从本行业的角度考察鲁迅生平事迹，既对鲁迅在北京和全国其他城市的旧居、博物馆、纪念馆进行整体研究，也对某个地区进行微观的地理研究，如对绍兴会馆、八道湾十一号等鲁迅旧居进行具体解剖，既为研究鲁迅北京时期文学创作的特点和思想的演进提供了新的视角，又对博物馆事业的发展起到了推动作用。

　　因为鲁迅是个百科全书式的人物，所以鲁迅学涵盖面很广，北京鲁迅博物馆的学术研究也在不断丰富内涵，扩大外延。博物馆学术研究的一个突出特点，是鲁迅同时代人、新文化运动时期社会和人物的研究，历年来整理出版了馆藏的《钱玄同日记》《周作人日记》等重要文献，召开了"鲁迅与胡适""鲁迅与陈独秀""鲁迅与周作人"等专题学术研讨会，制作了有关胡适、陈独秀、蔡元培、钱玄同等新文化巨匠的展览，发表了许多相关领域的学术成果。

　　北京鲁迅博物馆积极致力于国际、国内学术交流，在合作中开阔视野。在博物馆院内，矗立着美国著名记者史沫特莱、匈牙利著名诗人裴多菲、鲁迅老师藤野严九郎的铜像。博物馆编辑出版的《韩国鲁迅研究论文集》，是国内第一本为一国鲁迅研究成果编辑出版的图书；中国鲁迅研究会的常设办公机构，曾长期设在馆内；博物馆是国内、外鲁迅研究的联络站，与很多国内、外鲁迅研究者建立了良好的关系。因为与博物馆保持联系，有些学者长期坚持在研究鲁迅的道路上。澳大利亚新南威尔士大学中文系主任寇志明先生就是一个例证。他曾撰文谈到自己学术道路上遇到的两件让他高兴的事。一件是他到著名翻译家杨宪益先生家拜访时问杨先生，他虽然翻译《红楼梦》为英文，但却不喜欢《红楼梦》，原因是什么？杨先生回答说，他不喜欢《红楼梦》里的人物。寇先生又问杨先生，最喜欢自己翻译的什么作品？杨先生立即回答说"鲁迅"，随后又加上了"宋明代的话本"——也就是三言、二拍。寇志明先生说，最令他最兴奋的是，杨先生回答的第一个名字是鲁迅，让他觉得自己没有走错路。另一件事，寇志明先生写道："是2000年以来，我和鲁迅博物馆的朋友们联系逐渐密切，并进行了很好的合作。这对我来说是人生中很难得的一个新的开始。每次到博物馆，我就好像回到了家。"寇志明先生翻译了全部鲁迅旧体诗，最近几年又知难而进，翻译了鲁迅早期的文言文，这对一个外国人来说是很不容易的。鲁迅研究走出去，中国文化走出去，很需要寇先生这样的学者。

国内、外学者们与鲁迅博物馆交往，常说自己在博物馆看到了第一手资料，受到了启发，获益甚多。其实，在学术交往中，博物馆也受益匪浅。例如，前些时候，美国哥伦比亚大学学者孔云翔先生，为《鲁迅研究月刊》撰写了一篇研究鲁迅藏书中有关美国红色杂志中的漫画的文章，他今年春天到博物馆来交流时告诉我们，他正在研究鲁迅文学作品在藏语文学中的影响，并向博物馆同人介绍了几位藏族作家的作品，其中有些与鲁迅作品有相当紧密的联系，如《热洛正传》，分明受到《阿Q正传》的影响。这个领域，国内学界还没有触碰过，说明我们的学术研究还有空白需要填补。孔云翔先生提供的珍贵信息，对我们的工作很有启发。这次交流后不久，北京博物馆接到与西藏文物博物馆界交流的任务。孔云翔又向我们介绍了现代藏族文学家根敦群培。我馆负责人在西藏开会期间，专程参观了拉萨市城关区八廓南街上的根敦群培纪念馆，与纪念馆同人做了交流。这位藏族先贤具有人文主义情怀，具有批判旧制度和社会恶习的勇气和改革精神，学界有人称之为"藏族鲁迅"。根敦群培已经引起学界的注意，其著作的汉语译本也出版了几种，但总体上说，我们对这位文化巨匠研究得还不充分，尤其是他与鲁迅的比较研究，还有深入研究的必要。鉴于此，鲁迅博物馆很希望在北京举办根敦群培生平事迹的展览和研讨会，让内地观众了解西藏现代历史和文化名人。如果能成功举办，这位美国学者功不可没。

博物馆在学术研究方面，得到国内、外专家学者的支持，例证不胜枚举。博物馆承担的社科重大项目"鲁迅手稿整理与研究"，就得到北京大学、南京大学、中国社会科学院文学研究所专家的协助。今年中华书局出版的《鲁迅藏书志》古籍部分，就是我馆的荣誉馆员、著名藏书家韦力先生撰写的。博物馆长期以来与高校联合培养鲁迅研究人才，仰仗之处甚多。

北京鲁迅博物馆的学术研究，以资料整理见长，述多于作，列多于论。但这不是说我们没有立场，相反，鲁迅博物馆的立场是鲜明的，对于那些违反实事求是原则的学术观点，博物馆研究人员积极予以廓清。编辑《鲁迅研究月刊》，博物馆采取的是广泛联系、兼容并包，发表不同观点的论文，给学界讨论乃至争鸣的空间。但这不是说什么都包容，为"文化大革命"唱赞歌之类的文章，刊物就不敢领教。

学术研究是博物馆工作的基础，因此，我们提出了学术立馆的方针，今后要继续奉行这样的办馆方针。2016年是鲁迅诞辰135周年、逝世80周年，也是建馆60周年，馆庆活动很多，但这次国际学术研讨会是重中之重。学术立馆，单靠博物馆的力量是不够的，希望学界同人继续指导和帮助博物馆的工作。

此次学术会议前夕，我们请与会专家观看了博物馆为纪念活动特意请来的仙台市民剧团，演出以鲁迅在仙台留学时期生活为素材的话剧《远火》。这出戏是在北京鲁迅博物馆与仙台东北大学的鲁迅研究小组对鲁迅医学笔记联合研究的基础上编写的。剧中藤野先生讲的一些话很感人，有些很明显来自鲁迅的散文《藤野先生》。这些话无论出自哪一位先贤，对我们都是启发和教诲。不妨套用他们的精彩话语来表述我们这次学术会议：各位专家学者来参加研讨会，小而言之，是为了鲁迅博物馆；中而言之，是为了鲁迅；大而言之，是为了学术。

让我们共勉：为传承鲁迅遗产，为建立学术自信继续努力。

作者系北京鲁迅博物馆（北京新文化运动纪念馆）
常务副馆长、研究馆员

梅兰芳与文化传播

刘 祯

京剧是 20 世纪的流行艺术，也是中国文化重要的活态载体。梅兰芳是京剧艺术发展达到巅峰、京剧表演艺术走向炉火纯青时最具代表的人物。梅兰芳的艺术，是美的艺术；梅兰芳的一生，是传播和弘扬中国传统文化、思想、价值观的一生。

梅兰芳的文化传播，从传播的空间来看，大致可以划分为国内和国外两个大的区域；从传播的方式和特点来看，主要不是诉诸文字表达，而是形象的舞台表演，生动、直观和形象，同时，也是他一生躬耕践行的。因而，从传播效果和影响力来看，也是最为广泛和深远的。

一 梅兰芳是"美的创造者"，还是文化的传承者

以往人们对梅兰芳的认识，更多关注的是其作为一位演员——杰出的京剧表演艺术家、"真正的演员——美的创造者"。欧阳予倩说："梅先生继承了京戏悠久的优良传统，在旦角的表演艺术方面，说他已经吸取了过去许多名旦角演戏的精华而集其大成，这是丝毫也不夸张的。他对传统的戏曲表演艺术能够完全掌握之后，便从原

有的基础上有很多的发展。"① 他还是文化的传承者。他的美，他艺术的美，遮掩和淡化了他作为文化传播者的角色。这些年来，国家启动非物质文化遗产保护工作，包括昆曲和其他戏曲艺术也从被冷落到开始改观，昆曲甚至又成为一种时尚艺术。即便如此，昆曲的流行也不能和梅兰芳时代人们对京剧的痴迷相提并论。

一个例子可见20世纪20年代上海人对梅兰芳的追捧："一有梅兰芳到上海来的消息，上海的茶馆酒铺里，大家兴高采烈，谈论的无非是梅兰芳。家人聚话，店伙闲谈，谁也不要提及他？而浴堂里的扦脚匠，搁起了人家的脚，理发店里剪发司，揿住了人家的头，尤为津津乐道。梅兰芳一到上海，居住的旅社门前，聘他的舞台阶下，人头济济，都想一瞻他的风采，究竟比天上安琪儿胜过几分？梅兰芳不来上海便罢，梅兰芳既来上海，上海人不去看他的戏，差不多枉生一世。所以当去包脚布，也要去看他一回。梅兰芳一到上海，上海人有儿子的，就发生教儿子将来也要唱戏，做第二个梅兰芳的心思。"② 由此可以看到，梅兰芳京剧艺术在20世纪二三十年代有着非凡的影响力。应该说，梅兰芳是20世纪最著名的表演艺术家，以往人们多将梅兰芳作为艺术家、京剧大师来认识，而很少从文化传承者的角度来讲。实际上京剧就是最传统的文化形态——从内容到形式，亦庄亦谐，亦俗亦雅。说梅兰芳表演得比女人还女人，是指梅兰芳女性人物塑造得真实感人。那个年代，人们到北京必做三件事：逛长城、游颐和园、看梅兰芳的戏。他在京城无量大人胡同的寓所，成为中外文化艺术界大腕、明星云集之所，包括印度诗人泰戈尔、美国好莱坞影帝范朋克、意大利女歌唱家嘉丽·古契、日本著名歌舞伎表演艺术家守田勘弥以及当时的瑞典王储古斯塔夫六世夫

---

① 欧阳予倩：《真正的演员——美的创造者——为纪念梅兰芳舞台生活五十年作》，中国梅兰芳研究学会、梅兰芳纪念馆编《梅兰芳艺术评论集》，中国戏剧出版社1990年版，第18页。

② 俞慕古：《上海人与梅兰芳》，《申报》1923年12月21日第8版。

妇、美国总统威尔逊的夫人等众多国际上的名流大家。他成名未久,即有"复古之功"之誉:"十年以来,每叹中国乐律沦亡,而古舞犹失传,乃与二三同好,别制古装新曲,如《天女散花》之袖舞,虞姬之剑舞,西施之羽舞,皆得独抒新得,融化中外,古今舞态,自成一家。时出新声,能令顾曲家荡气回肠而不能自已。歌舞合一,有复古之功,群以梅派尊之。"[1] "歌舞合一"固为梅兰芳表演艺术特色,然其"复古之功"岂独歌舞!

如果说 20 世纪是戏剧时代,那么,这恰恰是因为以梅兰芳为代表的京剧表演艺术达到了历史巅峰,为戏剧时代的到来奠定了厚实的基础,"梅兰芳"也成为与古希腊戏剧、印度梵剧三足鼎立的中国戏曲的象征符号。梅兰芳作为文化的传承者,他的意义愈显崇高。

二 梅兰芳是文化的传承者,还是文化的思想者、革新者

值得注意的是,梅兰芳京剧表演艺术达到炉火纯青之时,也是传统文化受到极大冲击的时代。五四运动爆发,以陈独秀、胡适、周作人、钱玄同、刘半农、傅斯年等人为代表的"新青年"派,提出"重估一切价值",传统戏曲作为旧文化的代表,正遭遇着前所未有的非议与批判。[2] 在这样一种环境氛围里,梅兰芳对于传统艺术身体力行,不仅坚持、坚守了,而且也使他的京剧艺术进一步走向辉煌。从与胡适等论争的张厚载记载的胡适之于梅兰芳态度的变化,最能够说明传统文化存在的必然性,也最能够说明梅兰芳为文化传承的不遗余力。而且,这个例子也颇具反讽和因果之缘:"胡适之近来对于旧戏,也有相当的赞成,去年在北

---

[1] 无盦居士:《梅兰芳小传》(1926 年),引自《梅兰芳纪念集壹编》,商务印书馆 2013 年版,第 51 页。

[2] 参见张婷婷《回到"五四"戏剧论争的现场》,《戏剧》2008 年第 2 期。

京常在开明戏院看梅兰芳的戏,很加许多的好评。那是我在开明院遇见他,曾问他道:'你近来对于旧戏的观念,有些变化了罢?'他笑而不答。现在徐志摩、陈西滢一班人,对于杨小楼、梅兰芳的艺术,常加赞美。又有一位专业研究西洋戏剧的余上沅,把余三胜、谭鑫培,和莎士比亚、莫里哀,相提并论,而且认旧戏为一种诗剧。最可注意的,最近《晨报》附刊一种,竟把钱玄同所称为的'粪谱'的脸谱,作了剧刊的目标,咳,当时我费了多少笔墨,同他们辩论,现在想想,岂不是多事吗?"① 事实上,1930 年梅兰芳赴美访问,胡适专门撰写了一篇 Lanfang Mei and The Chinese Drama(《梅兰芳和中国戏剧》),内中评论道:"梅兰芳先生是一位受过中国旧剧最彻底训练的艺术家。在他众多的剧目中,戏剧研究者发现前三四个世纪的中国戏剧史由一种非凡的艺术才能呈现在面前,连那些最严厉的、持非正统观的评论家也对这种艺术才能赞叹不已而心悦诚服。他那些(由笛子伴奏演唱的)昆曲剧目呈现 17 世纪和 18 世纪的戏剧,而他那些由环珮琳般的胡琴伴奏演唱的皮黄剧目则展示上一世纪的一些文人学士写的,由于内容比较丰富,意念更加雅致,如今已不再为广大群众所懂得,较通俗的皮黄剧目便由此而兴起。"② 这是胡适对梅兰芳的肯定,也是胡适对梅兰芳传承、传播传统文化具体详细的描述。对于曾经非议过梅兰芳的文化精英的态度的转变,叶秀山将之表述为"反映了中国文化启蒙的'成熟'过程"③。

梅兰芳作为一个艺术家,他的身世、学艺、经历和表演表明,他这个人本身就承载着中国传统文化。之前的很多演员、艺术家,不乏在舞台上很有表现力、取得成就者,但是由于这些演员自身的文化水平比较

---

① 厚载:《新文学家与旧戏》,《北洋画报》1926 年 7 月 28 日。
② 梅绍武:《胡适的一篇佚文:〈梅兰芳和中国戏剧〉》,引自梅绍武《我的父亲梅兰芳》(续集),百花文艺出版社 2004 年版,第 107 页。
③ 叶秀山:《序》,载梅绍武《我的父亲梅兰芳》(续集),百花文艺出版社 2004 年版,第 5 页。

低，他们对自己所表演的人物、演绎的故事内涵以及一些曲词念白的意义并不完全了解。这一点不只是过去，现在的一些演员尤其是民间的演员、传承者也是如此。但是，梅兰芳不是这样的演员，如果是这样的演员，梅兰芳也不会是一代京剧大师。因此，梅兰芳不仅是文化的传承者，梅兰芳艺术不仅是传统文化的承载体，他也是文化的思想者和革新者。通过他创作的剧目和塑造的人物可以看出，梅兰芳所塑造的人物虽然来源于传统，但是已经与过去的形象有所不同。"有些旧的戏如《宇宙锋》、《讨渔税》、《游园惊梦》、《水斗》、《断桥》、《玉堂春》等等，是许多人都会演的，但由于角色类型的限制，表演程式的限制，演员文化水平的限制，艺术观点的限制，就会使角色的形象不够生动、不够真实，甚至于被歪曲而流于庸俗，最重要的是演员扮演一个角色，必然要喜欢这个角色，要为这个角色的性格、感情和他们的遭遇所感动，然后把他所感动的东西，通过艺术形象去感动观众。如若不然，他的演技就不可能是现实主义的，必然流于形式主义。梅先生是能够用他由衷的感情来演戏的，他所表演的几个有反抗性的女性都很成功，这些大都是旧戏，可是梅先生在几十年的演出当中，曾经不断地反复加以研究，适当的作了修改，去掉了其中某些糟粕，把其中的精华更显著地表达出来，这也是和一般的演出不同的地方。"[1]

梅兰芳对文化的传承，还体现在对文化思想、精神的理解和开拓上，尤其体现在"时装戏"的创作排演上。1913年梅兰芳从上海回来以后，"就有了一点新的理解"。

  觉得我们唱的老戏，都是取材于古代的史实。虽然有些戏的内容是有教育意义的，观众看了，也能多少起一点作用。可是，如果

---

[1] 欧阳予倩：《真正的演员——美的创造者——为纪念梅兰芳舞台生活五十年作》，载中国梅兰芳研究学会、梅兰芳纪念馆编《梅兰芳艺术评论集》，中国戏剧出版社1990年版，第19页。

直接采取现代的时事，编成新剧，看的人岂不更亲切有味？收效或许比老戏更大。这一种新思潮，在我的脑子里转了半年，慢慢的戏馆方面也知道我有这个企图，就在那年的七月里，翊文社的管事，带了几个本子来跟我商量，要排一出时装新戏。这里面有一出《孽海波澜》，是根据北京本地的实事新闻编写的。①

从票房来看，时装戏效果是很好的。之后梅兰芳又创作了时装戏《宦海潮》《邓霞姑》《一缕麻》。在梅兰芳的舞台生活中，表演时装戏的时间最短，遇到的困难最多，事实上，梅兰芳在京剧艺术上革新、探索的步子最大，这种革新是内容与艺术形式双重的。他认为，古典歌舞剧的演员肩负两重任务，除了很切合剧情地扮演那个剧中人之外，还有把优美的舞蹈加以体现的重要责任。不经意间梅兰芳站在时代潮头，触碰了京剧进入20世纪后即将遭遇的最伟大与最棘手的挑战——京剧的现代转型。梅兰芳演出时装戏，似乎成了梅兰芳舞台生涯的滑铁卢，人们不大触及或触及不深，持这种立场的人主要不是根据梅兰芳在舞台上的所作所为，不是以一种历史的眼光，特别不是以一种发展的眼光去认识和分析，而是把梅兰芳的谦虚和客观总结完全视为他失败的自白。梅兰芳是这样总结的："时装戏表演的是现代故事。演员在台上的动作，应该尽量接近我们日常生活里的形态，这就不可能像歌舞剧那样处处把它舞蹈化了。在这个条件之下，京戏演员从小练成功的和经常在台上用的那些舞蹈动作，全都学非所用，大有'英雄无用武之地'之势。有些演员，正需要对传统的演技，作更深的钻研锻炼，可以说还没有到达成熟的时期，偶然陪我表演几次《邓霞姑》和《一缕麻》，就要他们演得深刻，事实上的确是相当困难的。我后来不多排时装戏，这也是其中原因之

---

① 梅兰芳：《舞台生活四十年》（上），团结出版社2006年版，第197页。

一。"① 这是梅兰芳的时装戏命题,也是20世纪后半期"戏改"的重要命题之一。梅兰芳京剧时装戏的创作和探索,创作和探索中所遇到的制约和困难,与20世纪50年代后"戏改"现代戏创作和探索的遭遇一脉相承,这也是京剧在20世纪最壮丽的事业和宏伟篇章。它的未竟和悲剧性,不独属于梅兰芳,也属于整个时代。而梅兰芳的先行探索和历史总结,特别是他作为杰出的演员和京剧界领军人物,其探索意义是十分重大的,也可以看出这种探索的复杂性、整体性和艰巨性,这一课题又从20世纪延伸到了21世纪,依然是我们所面临的最为壮丽的现实课题。

三 梅兰芳是传统文化的传播者,还是中华文化的传播者

梅兰芳8岁学戏,10岁第一次登台演出。1913年在上海借《穆柯寨》一炮打响,成为蜚声南北的新星。京剧是一种传统艺术,四大名旦在当时是最为耀眼的人物,而梅兰芳居于四大名旦之首。1949年新中国成立之后,虽然梅兰芳肩负着繁重的社会工作,他还是在晚年创作了《穆桂英挂帅》,献给了刚刚成立十周年的新中国。从他1913年出名到1961年过世的这几十年间,梅兰芳演出的剧目达一百六七十出之多,其在传承文化方面的影响力是无与伦比的。据说,他在国内的足迹遍及全国除西藏外的所有地方,这种足迹所及不是徐霞客般的旅游,而是每去一地,都伴随着他曼妙的身姿和动听的曲唱,把最美的艺术、最传统和地道的文化带到彼域。他叙述的是典型的"中国故事",所表演的是最为传统的"中国形式",将这种皮黄京剧取代"仅有诗和美是吸引不了一般的普通观众的"(胡适语)昆曲,使其传播面达到最大化,梅兰芳也成为20世纪家喻户晓的人物和影响。

---

① 梅兰芳:《舞台生活四十年》(上),团结出版社2006年版,第257页。

梅兰芳不仅是传统文化的传播者,还是中华文化的传播者,他的表演、传播不只是在国内,还走出去,走到日本、美国、苏联及欧洲,让世界各国人民认识和了解京剧艺术、中华文化。梅兰芳尚未走出国门,其影响已达国外。20世纪20年代中期,梅兰芳"后至香港,欧美人士倾倒备至,海滨临送者盖数万人。各西字报极意揄扬,美使曾于总统饯别席次,谓兰芳倘能至美一游,以其绝艺表示中国文化,必能使美人增进爱慕中国之心。明年英伦赛会,预以重币来聘赴英演剧,声名洋溢,匪幸致也"[①]。国外对于梅兰芳有这样的期待,从梅兰芳角度看,他去日本、美国和欧洲,也是有推广的考量,梅兰芳在《东游记》里说道:"第一次访日的目的,主要并不是从经济观点着眼的,这仅仅是我企图传播中国古典艺术的第一炮。由于剧团同志们的共同努力,居然得到日本人民的欢迎,因此我才有信心进一步再往欧美各国旅行演出。"[②] 这样的追求、这样的视野,在当时不要说作为一位演员,就是任何一位见多识广者亦难以企及。

1919年、1924年、1956年,梅兰芳三次赴日演出,虽然每次出访的背景和原因不同,但对促进文化交流、京剧艺术的推广所发挥的作用是难以代替的。以第一次访日为例,1919年4月25日梅兰芳一行到达东京,"昨晚八点半,支那名伶梅兰芳一行三十五人到达东京站。很多人到站台去欢迎,都想看看这位名伶。各社摄影记者为了拍摄这个场面拥挤得象打架一样。梅本人不用说了,就连同来的所有的人也没有一位能走动一步。"[③] 原计划在帝国剧场演出十天,后应剧场要求增加两天,票价昂贵而售票处人山人海。第一天演出《天女散花》,日本媒体好评

[①] 无盦居士:《梅兰芳小传》(1926年),引自《梅兰芳纪念集壹编》,商务印书馆2013年版,第52页。

[②] 引自吉田登志子《梅兰芳1919、1924年来日公演的报告——纪念梅兰芳诞辰90周年》,载《梅兰芳艺术评论集》,中国戏剧出版社1990年版,第643、644页。

[③] 《都新闻》(1919年4月26日),引自吉田登志子《梅兰芳1919、1924年来日公演的报告——纪念梅兰芳诞辰90周年》,载《梅兰芳艺术评论集》,第643页。

如潮："梅最精彩的地方就是他扮演的天女踏上缥缈的云路时的舞姿，真是举世无双。"（凡鸟：《显示了天赋的艺术风貌，梅兰芳第一天的演出》）"姿容美，声音美，再加上服装也极美，仅就这些已足能使观众赏心悦目。最紧要的是舞蹈，那又是怎样的呢？可以说大体轻妙，精致极了。"（久保天随《梅兰芳的〈天女散花〉》）"他仪态舞容的艳异冶丽的特色，不管懂不懂支那剧，都使我国观众为之神魂颠倒。"（不痴不慧生《有关梅兰芳的事》）他对日本艺术、文化的深刻影响，通过艺术家、学者的评论和研究可见一斑。文学家永井荷风看过《贵妃醉酒》后评论道："中华戏曲是我盼望已久的，今晚我偶尔聆听之后，感到那比我国现在的戏剧更具备艺术的品致，其气魄之宏伟真是大陆底的。我非常激动了。激动的是什么呢？我对日本的现代文化一直怀有强烈的嫌恶之感。因此对支那和西欧的文物具有十分仰慕之情。现在，我知道，我所怀有的这种仰慕之情不由自主地更加强烈起来了。"[①] 日本艺术家、学者对中国艺术、中国文化的理解是相当深入的，他们的评论都不是停留于表面的赞扬，而进入到学术与思想的深处。如不痴不慧生对《思凡》《天女散花》舞容表现不同剧种的理解，非常具有历史和专业的眼光，并且着眼于未来。"我们早就认为支那剧已经杂技化了，可是梅却使我们懂得了它还保留着作为艺术的要素。在我们想象中，梅的身上大约还有点儿已经衰颓了的支那艺术的复活。"[②] 他认为梅兰芳艺术是"已经衰颓了的支那艺术的复活"，则是看到了梅兰芳艺术在当下和未来的意义、地位。1924年的赴日演出，专门为前一年关东大地震义演募款，故文化交流和人文友善的意义更大。1956年，梅兰芳率86人组

[①] ［日］永井荷风：《断肠亭日乘》，引自吉田登志子《梅兰芳1919、1924年来日公演的报告——纪念梅兰芳诞辰90周年》，载《梅兰芳艺术评论集》，中国戏剧出版社1990年版，第653页。

[②] ［日］不痴不慧生：《有关梅兰芳的事》，引自吉田登志子《梅兰芳1919、1924年来日公演的报告——纪念梅兰芳诞辰90周年》，载《梅兰芳艺术评论集》，第659页。

成的"中国访日京剧代表团"赴日演出,彼时中日尚未建交,决策与拍板的是周恩来总理,梅兰芳作为文化使者的意义更为显著,也有力地推进了中日民间的友好和往来。

  1930年2月16日,在纽约百老汇第四十九街剧院,梅兰芳赴美演出鸣锣,这是京剧艺术首次在美国剧院出现。梅兰芳极其看重且精心准备这一次远赴重洋,历时半年之久,演出72天,先后访问了西雅图、芝加哥、华盛顿、旧金山、洛杉矶、圣地亚哥和檀香山等城市,演出的剧目有《芦花荡》《青石山》《打城隍》《空城计》《汾河湾》《贵妃醉酒》《打渔杀家》《春香闹学》《刺虎》《虹霓关》《廉锦枫》《天女散花》《霸王别姬》等剧,还有剑舞(《红线盗盒》)、羽舞(《西施》)、杯盘舞(《麻姑献寿》)、镰舞(《嫦娥奔月》)、袖舞(《上元夫人》)等舞蹈节目。梅兰芳的演出在美国刮起一股旋风,《纽约时报》评论说:"梅兰芳身穿华丽的戏装在舞剧中的表演,犹如中国古瓷或挂毯那样优美雅致,使观众觉得自己是在跟一个历史悠久而成熟的奇妙成果相接触。"[1] 纽约记者俱乐部举办的欢迎宴会,出席人数到达五千,可谓盛况空前。[2] 梅兰芳的演出得到美国戏剧界主流媒体的关注和好评,为美国戏剧界其实也包括文化界打开一扇古老文化传统之门,让他们在古希腊戏剧和英国伊丽莎白戏剧之外,看到第三种戏剧——中国的京剧。西方率先进入现代文明,包括对世界的开拓、新大陆的发现,但是,文化之间的认识和了解不是显形的,也不是浅尝辄止的,何况彼时中华文化已现衰颓,西方正蒸蒸日上。京剧在美国的隆重演出,使美国文化界、戏剧界在古老的欧洲文明之外,看到了一种话语体系完全不同的东方艺术、东方文化。古希腊戏剧、伊丽莎白戏剧是西方人戏剧艺术的经典盛宴,当接触到中国梅兰芳表演后,顿生"酷似"之感。"梅兰芳的

---

  [1] 梅绍武:《访美演出盛况拾遗》,引自梅绍武《我的父亲梅兰芳》(续集),百花文艺出版社2004年版,第52页。
  [2] 同上书,第53页。

戏剧，不仅对任何国家皆可能出现的这种古典艺术性，而且对希腊古剧，都是一种富有启发性的诠释。伊丽莎白时代的戏剧和这种中国戏剧十分明显地相似。""中国的京剧对希腊古剧作了一种深刻的阐释，因为那些使人联想到希腊的特征，以一种自然的思考方式，一种深刻的内在精神，体现在中国的戏剧里。"[1] 从比较文化、比较戏剧角度看，这也是更早的"世界三大戏剧"说。

2016年是汤显祖与莎士比亚去世400周年，汤显祖与莎士比亚不仅同处东、西方一个时代，其作品的人文精神与戏剧呈现颇多呼应。而梅兰芳在美国的京剧表演，同样使美国人想到了莎士比亚戏剧。伊丽莎白时代的戏剧和京剧也十分明显地相似，外表或多或少相像。情节场面固定，正如恰好看到的那样，有一些朴实的或并不朴实的道具和常规惯例。伊丽莎白时代的戏剧中有矮树丛充当森林；京剧中有马鞭代替一匹马，四个龙套表面千军万马；舞台上任意确定的位置，表明不同的场所；等等。还有定场诗，京剧演员上、下场都念两句诗，就像莎士比亚戏剧中，每场以类似下列两行诗来表明结尾一样。梅兰芳一行是把自己视为中国文化的使节，而他们半年多的辛勤演出和付出，也确实让美国艺术界、文化界赞叹："梅兰芳的艺术无疑超越了东西方之间所存在的障碍。"

梅兰芳作为中国文化使节访美的意义，从若干年后进入21世纪白先勇青春版《牡丹亭》的再度赴美，亦可得以确证。美国戏剧评论家史蒂芬·韦恩评价说："1930年，梅兰芳剧团把京剧带来了美国。2006年，苏州昆剧院青春版《牡丹亭》团队又把昆曲带来了美国。这次昆曲在美国的轰动，以及昆曲美学对美国文化界的冲击，是1930年梅

---

[1] ［美］斯达克·扬：《梅兰芳》，《戏剧艺术月刊》第14卷，1930年4月，梅绍武翻译，载中国梅兰芳研究学会、梅兰芳纪念馆编《梅兰芳艺术评论集》，中国戏剧出版社1990年版，第703、705页。

兰芳访美以来规模最大和影响最大的一回。"① 这固然是褒奖当下的白先勇，但中华文化传播溯源，则梅兰芳为始为大。

梅兰芳肯定不是中国文化"走出去"赴美第一人，但是，不会有哪位文化传播者如梅兰芳具有如此生动、深刻的影响力。需要强调的是，梅兰芳无论访日（1919年、1924年）还是访美，都不是国家行为，而是他的私人之举，私人剧团，私人花费，特别是访美，远赴重洋，梅兰芳担负着巨大的经济压力。唯其如此，愈见梅兰芳的眼光，高瞻远瞩，放眼世界，此后难可比肩。

四 梅兰芳的文化传播是舞台的，还是现实与身体力行的

梅兰芳之所以在20世纪能够取得那样非凡的成绩，不只体现为他的表演艺术，还在于他的人格魅力。梅兰芳以"色艺"赢得观众，更以品格赢得人们的尊崇和喜爱。在他艺术上达到高峰时，梅兰芳"虚怀若谷，从善如流，所有报纸上评论所及，率涣人分别摘取浏览之。其盛誉者一笑而已，谩骂者亦不之理，惟针砭合理，则力矫前弊，毫不固执于心也！"② 类似于这样"虚怀若谷""从善如流"的报道，不绝于报端。他这种高尚品格的形成，与他的家风和行规的教育及自身的修为分不开。新中国成立后，梅兰芳的地位和影响更上一个台阶，成为人民艺术家的代表。虽然有许多耀眼的头衔，但梅兰芳不骄不躁，依然平易近人，诲人不倦。

《舞台生活四十年》是他生命最辉煌时期的成长、艺术和生活写照，每读该卷，我们受益、慨叹的不仅是他艺术上的孜孜不倦和勇于探索的

---

① 吴新雷、白先勇：《中国和美国：全球化时代昆曲的发展》，《文艺研究》2007年第3期。

② 春醪：《梅兰芳虚怀若谷》，《申报》1920年4月29日第14版。

精神，更是他做人的风范。举一个例子，梅兰芳出生在北京，在北京很多地方居住过，最有代表性的是无量大人胡同，从20世纪20年代到30年代初，居住十余载，是他艺术达到高峰时为孝敬祖母买的，非常宽敞气派，这处居所对梅兰芳意义非凡，是见证梅兰芳作为一代京剧大师的一处重要文化空间。1949年7月，梅兰芳由沪赴京，参加第一次文代会。闭幕时，周恩来总理建议梅兰芳回北京居住，并考虑修缮他原来的房子。总理的关心被梅兰芳谢绝了，最终他选择了护国寺一号（现护国寺大街9号）。在他看来，旧宅已售，不能给人挟势之感。单劲松在《毛泽东、周恩来与梅兰芳的交往与情谊》对此有叙述："文代会即将闭幕，周恩来再一次接见代表。他特意对梅兰芳说：'您离开北平很多年了，还是搬回北平住吧！梅先生原来住的房子，我们会安排腾出来后进行修缮的，希望您能到北平工作。'梅兰芳很是感动，但他表示：'回北平不能再住原来的房子了。因为那个宅院是我自己在抗战时期就已经卖了的，再住进去不妥。政府只要给几间宿舍，能安置下足矣。'周恩来非常赞赏梅兰芳的想法，嘱咐有关方面做好适当的安排。"①

梅派艺术随梅兰芳而辉煌发达，梅派传人甚多，他们成为梅派的传承者、光大者，但他们首先学到的不是艺，是德。杨荣环讲过一个故事。一次程砚秋到上海演出，发现无意间自己和梅兰芳打了对台，作为梅兰芳大弟子，程砚秋发现这个情况后，立即去和梅兰芳解释商量，认为自己不礼貌，打算把合同推迟。梅兰芳却不以为然地说，没关系，各唱各的，合同定了再改，会给你带来很多麻烦，况且剧目不同，两边都不会受影响，你不要有顾虑，要把戏演好。后来演出时，梅兰芳还特意派人到程砚秋后台去慰问，支持他的演出。结果，两边的演出都十分红火，成为梨园界的一段佳话。② 这样的例子在梅兰芳身上可以找到很

---

① 中国共产党新闻网，http://news.ifeng.com/a/20160703/49285210_0.shtml。
② 杨荣环：《艺术美来自心灵美》，载中国梅兰芳研究学会、梅兰芳纪念馆编《梅兰芳艺术评论集》，中国戏剧出版社1990年版，第453页。

多。欧阳予倩认为,"梅先生是一个真正的演员,真正热爱祖国的传统艺术,并以毕生之力卫护着这一传统。还有最重要的一点,梅先生不仅是承继了中国戏曲艺术的优良传统,同时也承继了中国艺人的道德传统"①。

五 梅兰芳的文化传播是传统的,还是现代和时尚的

京剧是一种传统艺术,借舞台传播是一种传统的方式。20 世纪又是一个西方文化和技术不断引进中国的时期,包括相机、唱机、电影等,这些科技成果与京剧的传播关系密切。我们注意到,梅兰芳还是一位时尚之人,十分喜欢现代科技发明和成果运用。所以,梅兰芳文化传播也借助相机、唱机、电影等广泛传播,并得以长久保存下来。这也是梅兰芳的眼光所致。20 世纪 20 年代,"商务书馆制影戏事业,年来颇为发达,今已央人致意畹华(梅兰芳),请演一二出,播之异域。他年畹华出洋时,亦可使西方人士倍益欢迎。畹华亦首肯曰:不错,咱们就干一会儿罢。大约必《天女散花》《麻姑献寿》等剧矣。"② 梅兰芳唱片被各唱片公司灌制,包括高亭、长城、蓓开、百代、胜利、大中华等。"平剧艺员在各唱片公司灌制唱片,其张数,以兰芳为最多。其销路,亦以兰芳为最畅。兰芳每灌一片,在事前,选剧择词,运腔使调,以至胡琴过门,鼓板点子,靡不缜密考虑。所以,灌片之成绩,当然亦以兰芳为最佳。"③ 梅兰芳喜欢电影,其最早拍电影是 1920 年。他说:

---

① 欧阳予倩:《真正的演员——美的创造者——为纪念梅兰芳舞台生活五十年作》,载中国梅兰芳研究学会、梅兰芳纪念馆编《梅兰芳艺术评论集》,中国戏剧出版社 1990 年版,第 21 页。
② 春醪:《梅兰芳虚怀若谷》,《申报》1920 年 4 月 29 日第 14 版。
③ 禅翁:《梅兰芳灌片一笔细账》,《半月戏剧》1938 年第 5 期。

"我看电影,受到电影表演艺术的影响,从而丰富了我的舞台艺术。在早期,我就觉得电影演员的面部表情对我有启发,想到戏曲演员在舞台上演出,永远看不见自己的戏,这是一件憾事。只有从银幕上才能看到自己的表演,而且可以看出自己的优点和缺点来进行自我批评和艺术上的自我欣赏。电影就好像一面特殊的镜子,能够照见自己的活动的全貌。因此,对拍电影业感到了兴趣。"[1] 如同着迷绘画,对于电影与戏曲的结缘,梅兰芳也是乐此不疲,这方面内容,可见其所著《我的电影生活》。对这些现代科技发明的喜爱,通过这些科学技术,使得他对中国文化的传播更广、更久,这也是梅兰芳的慧眼所在。

总之,梅兰芳文化修为是其作为文化传播者的根本保证。梅兰芳从小学艺,八岁登台,拜了很多老师,后来形成了独特的梅派艺术,取得很高的艺术成就。梅兰芳的家教对他的艺术和为人也产生了很大影响。另外,梅兰芳的成功不仅属于他一个人,某种程度上属于一个集体,他的周围聚集了很多知识分子、文人等"梅党",他们对梅兰芳的文化修为提升、剧目选择、剧本创作有很大帮助,使梅兰芳对剧中人物把握很准确。除此之外,梅兰芳对佛教很有研究,他的剧目和绘画作品都有佛教题材。他还是一位绘画大师,20世纪二三十年代,他拜访了很多绘画大师,比如王梦白、陈师曾、金拱北、姚茫父、汪霭士、陈半丁、齐白石等。在上海,梅兰芳拒绝为日本人演出,也断了自家生计,就是凭借卖字画来养家糊口。梅兰芳保存有许多他的字画。只是因为他在京剧表演艺术方面的杰出,遮掩了他在字画艺术方面的造诣和光彩。梅兰芳所取得的成就无论是京剧艺术、绘画领域还是文化传承,都是巨大的。他的为人处世和做人原则,与他的文化修为密不可分。

作者系梅兰芳纪念馆书记、副馆长,研究员

---

[1] 梅兰芳:《我的电影生活》,中国电影出版社1962年版,第3页。

梅兰芳的艺术特色与表演体系

秦华生

梅兰芳大师一生从事京昆表演艺术，努力继承，大胆探索，善于革新，从所装扮的人物个性出发，运用唱、念、做、舞的艺术表现手法，把众多的古装戏和时装戏中的女性形象刻画得细致入微，生动传神，为中国戏曲人物画廊增添了一系列光彩照人的女性形象。他精彩的表演、迷人的风韵和独特的韵味，构成了杰出的梅派艺术，成为中国戏曲艺术宝库中一颗晶莹璀璨的明珠，熠熠闪耀。

梅兰芳在民国年间四次出国演出，中方与外方通过总结、对比，发现了以梅氏为代表的中国演剧体系的独特性，纷纷发表了理性思考与概括总结，逐渐形成了"梅兰芳表演体系"的早期表述。

1919年，梅兰芳首次访日。当时国内《春柳》杂志刊载《梅兰芳到日本之影响》云："甲午之后，日本人心目中，未尝知有中国文明，每每发为言论，亦多轻辱之词……今番兰芳等前去，以演剧而为指导，现身说法，俾知中国文明于万一。"

日方出版《品梅记》，对梅兰芳表演体系有初步确认。"梅兰芳超越女性的天真无邪及优雅艳丽的确魅力无穷，甚至有点瘆人，一想到他真身为男性，我就有这种感觉，他是逼真的女性扮演者，他是个超人。"（青陵生《吾之所谓"感想"》）[1]"梅兰芳的艳冶的仪态和舞姿对懂或不懂中国剧的人来说都是夺人心魂的。""梅作为复兴（戏剧）的代表者已经自觉地行动了，而且他已经被拥戴成为一个标志。"（不痴不慧生《关于梅兰芳》）[2]"他充分地表现了女性的美，我认为'理想'这个词是最合适的赞美之词了。……一切艺术如果增加舞蹈性、律动性、装饰性、图案性、音乐性、协调性的因素，应该比单纯的写实有更为广阔的发展空间。"（落叶庵《观赏梅兰芳的戏》）[3]

1924年，梅兰芳第二次访日。日文《演出说明书》及日方报道评论，进一步阐述梅兰芳表演体系。日本评论家南部修太郎赞赏梅兰芳在《黛玉葬花》中的表演："这不是一般支那戏曲常用的那种夸张的线条和形态表现出来的神情，而是十分细腻，属于写实的并且是心理的或精神的技艺。"[4]

1930年梅兰芳访美，先后到达了美国的许多城市，如纽约、华盛顿、芝加哥、西雅图、旧金山、洛杉矶、檀香山、圣地亚哥等，历时半年，引发了美国艺术界及理论界的极大关注，产生了一系列理论成果。《纽约时报》发表阿特金森的文章评论："他的哑剧表演自始至终柔软温和，姿态具有雕塑美。他以轻灵起伏的韵律上场，并在正式演出中，虽有许多调整，也始终保持着这种韵律。他有双精巧的手，对于理解他的动作姿态的人而言，这双手有着同样的艺术表现力……"约翰·马森·布朗在《纽约晚间邮报》发表文章论述：梅兰芳的"身段姿态与他们的语言一样，形成了一种复杂的拥有自己语法结构的独立语言。它的表达法几乎是无限的。"斯达克·杨在《梅兰芳》一文中写道："这

---

[1] 青木正儿等：《品梅记》，李玲译，文化艺术出版社2015年版，第40—41页。
[2] 同上书，第44页。
[3] 同上书，第68—69页。
[4] 转引自中国梅兰芳研究学会、梅兰芳纪念馆编《梅兰芳艺术评论集》，中国戏剧出版社1990年版，第675页。

种中国戏剧的纯洁性在于它所运用的一切手段动作、面部表情、声音、速度、道白、故事、场所等，绝对服从于艺术性目的，所以结出来的果实本身便是一个完全合乎理想的统一体，一种艺术品，绝不会让人错当做现实……梅兰芳的戏剧是一种具有真正原则性的学派。"[1]

1935年，梅兰芳访苏期间，苏方为此专门组织艺术家、理论家召开了座谈会，就梅兰芳的表演提出了自己的真知灼见。丹钦科说："中国艺术的一种完美的、在精确性和鲜明性方面无与伦比的形式体现了自己民族的艺术。"梅耶荷德说："梅兰芳博士提醒我们的，那就是手的表演。我没有在舞台上看见过任何一个女演员，能像梅兰芳那样传神地表演出女性的特点……我们还有很多人谈到演出的节奏结构。但是，谁要是看过梅兰芳表演，就会为这位天才的舞台大师的表演节奏的巨大力量所折服。"爱森斯坦在发言中说："我愿意把中国戏剧艺术比作鼎盛时期的希腊艺术……中国戏剧所具有的那种生气和有机性使它与其他戏剧那种机械化的、数学式的成分完全不同……我们一直尊重莎士比亚时代，那时演出常用假定性的方法……我们在梅兰芳的戏剧中也看到这一点。"斯坦尼斯拉夫斯基说，中国戏曲表演的法则是"有规则的自由动作"，并称赞京剧和梅兰芳的表演"有充满诗意的、样式化了的现实主义"[2]。

在这次研讨会上，张彭春代表梅兰芳发言，提出了"中国戏剧之三要点"。

第一点，西方戏剧与中国戏剧的隔阂是可以打破的。

第二点，中国戏剧的一切动作和音乐等，完全是姿势化。所谓姿势化，就是一切的动作和音乐等都有固定的方式。例如动作有动作的方式，音乐有音乐的方式，这种种的方式，可作为艺术上的字母，将各种

---

[1] 转引自中国梅兰芳研究学会、梅兰芳纪念馆编《梅兰芳艺术评论集》，中国戏剧出版社1990年版，第693—694页。

[2] 《艺术的强大动力》，载《中华戏曲》第十四辑，中国戏剧出版社1993年版。

不同的字母拼凑一起，就可成为一出戏。但是中国戏的演员们，都不被这种字母所束缚，他依旧可以发挥他在艺术上的天才与创造。

第三点，中国（戏）未来之趋势，我认为必须现代化，并不一定是戏剧、本事的现代化，是要使剧中的心情和伦理成为现代化。如背景与灯光也可使其成为姿势化，使其有固定的方式来表现剧中各个的情绪，这是中国戏剧今后可试验的途径。

苏联著名作曲家和音乐教育家格涅欣首先明确提出"梅兰芳表演体系"："我觉得，如果把梅兰芳博士的中国戏剧的表演体系说成是象征主义的体系，那是最正确的。'程式化'这个词远不能表现出它的性质。因为程式性也许可能更易被接受，但它却不能表达情绪。而象征是体现一定内容的，它也能表达情绪。"①

梅兰芳访苏游欧归国之后认为："中国旧剧有其固有之精彩与好处，不能加以丝毫改变。余年前赴欧洲各国及苏俄，观剧多次，西洋戏有西洋戏之妙处，但与中国旧剧，不能合二为一，此敢断言者。至中国旧剧，原则是不利用布景，若利用布景，反减去剧中之精彩，譬如旧剧中之登楼，系作一种姿势，即可完全表示登楼之状，且甚美观，若依布景言，则剧中布景楼梯，演者一步步上楼，非仅有着衣不合宜，且不好看，转失剧中精彩。不过旧剧应改革者，舞台应改革。关于光学、声学之请求，以及戏园之清洁，悉应加以注意。"②

布莱希特1936年撰写《论中国戏剧与间离效果》论文。文中提出，自己多年来朦胧追求而尚未达到的，在梅兰芳已经发展到极高的艺术境界。

黄佐临《漫谈"戏剧观"》云："梅、斯、布三者的区别究竟何在？简单扼要地说，他们最根本的区别是：斯坦尼斯拉夫斯基相信第四堵

---

① 《艺术的强大动力》，载《中华戏曲》第十四辑，中国戏剧出版社1993年版。
② 《群强报》1936年9月3日。

墙，布莱希特要推翻这第四堵墙，而对于梅兰芳，这堵墙根本不存在，用不着推翻；因为我国戏曲传统从来就是'程式化'的，不主张在观众面前造成生活幻觉。"① 黄佐临《梅兰芳、斯坦尼斯拉夫斯基和布莱希特戏剧观比较》文中又提出："梅兰芳是中国传统戏剧最具代表性最成熟的代表。"他进而论述，"我国的戏曲传统有着下列四大特征：流畅性；伸缩性；雕塑性；规范性（通常称'程式化'）"，并且称之为"四种外部特征"。黄佐临又提出"四种内在特征"："1．生活写意性。2．动作写意性。3．语言性。4．舞美写意性……梅兰芳正是我国这种戏剧风格的大师。"② 黄佐临两次论述的"戏剧观"，与"戏剧表演体系"是不相同的，但其中有所联系，尤其是通过中外比较研究，可以打开思路，起码提供了可以进一步思考的思维渠道。

孙惠柱《三大戏剧体系审美理想新探》一文提出了"梅兰芳戏剧体系"，并与"斯氏、布氏表演体系"相提并论，称之为全球"三大戏剧体系"③。尽管孙惠柱此文是受到黄佐临《梅兰芳、斯坦尼斯拉夫斯基和布莱希特戏剧观比较》一文的启迪而作，但由此引发持续十几年有关世界戏剧"三大戏剧体系"的学术论争。笔者无意在此评论"三大戏剧体系"是否成立以及各家论争的论点论据孰优孰劣，只是认定这场论争颇有学术意义，深化了梅兰芳表演体系的认知表述。

叶秀山为梅兰芳诞辰100周年研讨会（1994年）提交的论文《论京剧艺术的古典精神》，也提出"梅兰芳表演体系"。他认为："西方的戏剧表演或注重'体验'（斯坦尼斯拉夫斯基），或注重'表现'（布莱希特），而以梅兰芳为代表的中国戏剧表演体系则无此分化，它是将'体验'和'表现'结合起来，所以当斯坦尼斯拉夫斯基和布莱希特两位大师分别看了梅兰芳的演出后，不约而同地都引为知己。"

---

① 《人民日报》1962年4月25日。
② 《人民日报》1981年8月12日。
③ 《戏剧艺术》1982年第1期。

综上所述，从全球范围内20世纪以来"表演体系"这一视角去看梅兰芳的表演艺术，可以体会出他表演体系的精髓所在。梅兰芳表演体系不仅仅要求演员在舞台表现自我，也不是完全把自己幻化为角色本身，而是通过舞台表演的各种手法表现人物性格，去传达人物各种复杂情感，进而表现各个人物的独特个性。努力追求气韵生动和神似，为舞台形象与审美意象而"造象"，从形象与意象的传神到"通神"。梅兰芳表演体系善于发挥演员的表演技巧，掌握所演角色与观众的观演关系，用精湛的表演，沟通过去、现在与未来，并让观众领会和感知。以此反映对真、善、美的追求与主观评价，确实具有艺术独到之处，故而成为独树一帜的中国戏曲表演体系的卓越代表，受到中外特殊关注。

作者系梅兰芳纪念馆原馆长、研究员

寻找西三条

钱振文

一

"我的住址是'西四，宫门口，西三条胡同，二十一号'，你信面上的地址并不大错，只是门牌多了五号罢了。即使我已出京，信寄这里也可以，因为家眷在此，可以转寄的。"[1]

这是鲁迅1926年6月17日给李秉中信中的话。两个月后的8月26日，鲁迅离开这个连续住了两年零三个月的宅子，远赴厦门大学。

西三条是老北京的一条普通的小胡同，之所以是西三条，是因为西三条东边还有东三条，东、西三条其实是一条连续的胡同，只是在中间的地方有一个小的拐弯。西三条所在的这块地方叫作宫门口，说全了就是宫门口西三条。有三条，自然也有三条上下的头条、二条、四条、五条。

西三条21号是胡同尽西头倒数第二家。整个宫门口都在远离皇城的城墙脚下，在老北京的地图上算是不大起眼的偏僻之地，因此，靠近西头的21号就显得更是偏僻。但是如果没有21号，西三条大概就只是地图上需要仔细搜索才能找到、但估计也没有多少人搜索的一

---

[1] 《鲁迅全集》第十一卷，人民文学出版社2005年版，第529页。

个符号。

1924年5月25日，已经出版了小说集《呐喊》因而声名远播的鲁迅搬到了西三条21号。从此开始，西三条不再是一条"无名"也"无言"的小胡同。白天黑夜，许多出入鲁迅家的人开始逡巡在宫门口一带的胡同里。来拜访鲁迅的大多是他在各个学校兼职授课的学生，这些人当中，来的最多的是荆有麟，荆有麟这个时候是北京世界语专门学校的学生。在他后来写的鲁迅回忆录中说道："由十三年到十五年，在这整整两年的时光中，我常常——几乎是每天，出入于先生之门。"[1] 荆有麟的说法并不夸张，有人从鲁迅日记中统计过，荆有麟在1924年到1926年期间曾经来往西三条21号多达300多次。来人最多的一天是1925年8月14日，这是鲁迅生活中最黑暗的一天，这天，鲁迅收到了教育部的免职令，许多好友前来西三条21号看望鲁迅，鲁迅日记中记载有："上午裘子元来。诗荃来。季黻、协和来。子佩来。许广平来。午后长虹来。仲侃来。高阆仙来。下午衣萍来。小峰、伏园、春台、慧迭来。潘企莘来。徐吉轩来。钦文、璇卿来。李慎斋来。晚有麟、仲芸来。夜金钟、吴季醒来。"[2] 除了登门拜访的人们外，经常光临因而肯定非常熟悉西三条21号的人，就是负责这一带收发邮件的邮差了。鲁迅差不多每天记日记，日记中主要记载的事项就是每天的访客和来信，这时候的人们没有电话、手机，也没有QQ、微信，访客和来信是鲁迅和他人来往的主要方式，但也因为这种联系方式，西三条21号得以显示和确立它的存在。访客们访的是鲁迅，但同时也就是访他所住的宅子。在还没有无线通信方式的年代，要想和某人说话聊天，就只能在同一个空间里当面完成，而住宅就是能锁定该人的主要场所。

---

[1] 荆有麟：《鲁迅回忆断片》，《鲁迅回忆录》（上册），北京出版社1999年版，第119页。

[2] 《鲁迅全集》第十五卷，人民文学出版社2005年版，第577页。

大多数来西三条21号的人都是鲁迅家的熟客，他们频繁出入这些狭窄的胡同和鲁迅家的大门，并不会有特别强烈的感觉，也不存在寻找西三条21号的问题。但那些与鲁迅不是常来常往的慕名来访者，就只能寻找鲁迅的寓所了，因为他们并不知道鲁迅是住在"西三条21号"，鲁迅只会在私下告诉可以告诉的人自己新居的地址，就像在给李秉中的信中公布自己的住址。而在公开的场合，他最多是在文章中说过："我现在住在一条小胡同里。"① 恰恰是那些没有确切的地址、经过一番周折终于迈进鲁迅家大门的人们，会对这个"台门不高不大"的建筑和建筑所在的地方，留下难忘的印象。

1932年鲁迅回北京省亲，北京师范大学的学生潘炳皋、王志之、张松如等得到消息后，希望能邀请鲁迅到学校讲演。后来，潘炳皋和王志之都曾经详细回忆了那次寻找鲁迅家门的曲折经过，因此也通过文字，准确地描述出西三条21号所在的位置。潘炳皋在《鲁迅先生访问记》中说：

> 从《华盖集》上知道他是住在西城的一个角落里，但是不知道确切的住址……逢人就问，走进了好几个小胡同这才到了西三条，在黄昏中寻到了十四号，扣了半天门，开门的人又说没有周先生住在里面，又在疑似和测探中扣了几家的门，也都不是，我们已经感到疲乏和失望了。走出胡同来，凭着洋车夫的指导，才在西口路北第二个门扣着了。②

寻找和前往一个地方的时候，人们的意识主要指向和集中在所要去

---

① 鲁迅：《通讯（一）》，《编年体鲁迅著作全集（贰）》，福建教育出版社2006年版，第233页。
② 病嵩（潘炳皋）：《鲁迅先生访问记》，北京鲁迅博物馆编《鲁迅回忆录》，北京出版社1999年版。

的目标，对通向目的地的沿途环境并不在意。对西三条21号的背景也就是鲁迅家大门外边小胡同的更多感知，是在拜访成功之后。许多人在回忆文章中描述了从鲁迅家出来之后，漫步在长长的胡同中，细细回味刚刚经历的幸福的奇特感觉。如和潘炳皋一起在1932年拜访鲁迅的王志之，描写他们从鲁迅家出来后的感觉。

> 我们走了出来，大家都找不到适当的言辞来表达出自己的欢欣。从宫门口西三条那条小胡同一直绕到了大街上，我们没有说一句话。人，大概是无论什么情绪高涨到了顶点，每每会被卷入在丧失知觉似的沉默中。……要想说明那时的心情，这是一个最不能令人满意的难题！假如一定要勉强表白出来，我觉得只有用年青人在初恋时同爱人初度密会以后的心情才能作部分的比较。①

李霁野在《忆鲁迅先生》中，记录了自己拜访鲁迅后走在胡同中的感觉。

> 深夜走出先生的住处时，那偏僻的小巷里早就没有人声人影了，他总望我们走远了才进去。北京的冬夜有时是极可爱的，在那寂静的街道上步行着，先生的声音和容貌还萦绕在脑际，这印象永远也不会磨灭。②

当时还是北大学生的尚钺在《怀念鲁迅先生》中说道，有一次他知道鲁迅先生病了，就跑到西三条去看鲁迅先生。在看望结束后，尚钺写道：

---

① 王志之：《鲁迅印象记》，北京鲁迅博物馆编《鲁迅回忆录》，北京出版社1999年版。
② 李霁野：《忆鲁迅先生》，北京鲁迅博物馆编《鲁迅回忆录》，北京出版社1999年版。

我又和他说了几句话，便走了出来。……这刹那我心最平静，平静得如无风的春水一般，除了凝静的笑颜以外，再没有其它的感觉了。我的脚步走得很慢，仿佛怕自己的脚步声音扰乱了自我的回味似的。①

王志之他们三个北师大的学生那天邀请鲁迅讲演成功，所以非常高兴，"我们精神十足，兴高采烈地大踏步地走着，一直走回了学校"。这时候，狭窄僻静的小胡同成了鲁迅家宅院的延伸，寂静的街道成为人们静静回味、漫漫咀嚼的地方。其实，那时候来西三条拜访鲁迅的大多是北大、北师大、世界语专门学校的穷学生，他们来去各个地方，一般来说都是安步当车。许钦文回忆当年在北京的生活说："曾经有一段时间，孙伏园住在丞相胡同，我住在南半截胡同，相距不远。晚上到内城去听学术讲演，或者在朋友处，常同孙伏园不期而遇，然后，总是一道步行而归，到了菜市口说声'再见'分开，不久就各到寓所。北京，日间往往风沙扑面，晚上却大多风平浪静。夏间深夜凉爽。冬季步行是一种运动，晚上无风，也不会怎样感觉到冷。在清静的马路上边走边谈，是孙伏园和我都喜欢的。"② 许钦文是经常来往于西三条和绍兴会馆的绍兴老乡，尤其是在鲁迅出版《彷徨》前夕，他经常帮助鲁迅，在离绍兴会馆不远的虎坊桥京华印书局办理校对和印刷事务，有的时候甚至一天跑两趟印书局，也都是走着来回西三条的。

二

寻找作家故居是身体运动，也是精神旅行。

---

① 尚钺：《怀念鲁迅先生》，北京鲁迅博物馆编《鲁迅回忆录》，北京出版社1999年版。
② 许钦文：《〈鲁迅日记〉中的我》，《在老虎尾巴的鲁迅先生——许钦文忆鲁迅全编》，上海文化出版社2007年版。

寻找西三条

苏联作家康斯坦丁·帕乌斯托夫斯基在他的传世名著《金蔷薇》中，描述了他寻访诗人勃洛克的故居的经过。他说：

> 我自己也不理解，为什么从很久以前起，我就念念不忘地想在列宁格勒找到勃洛克的房子，那幢他在其中生活过和逝世的房子，而且一定得自己去找，不要任何人帮助，不问路，不查看列宁格勒的地图。于是我虽只模模糊糊地晓得普里亚日卡河的大约位置（勃洛克生前住在这条河的沿岸街，就是现在十二月党人大街的拐角上），就徒步朝那条河走去，而且没有向任何一个人问过路。为什么要这么做，我自己也不怎么明白。我相信，我能凭直觉找到路，相信我对勃洛克的眷恋，能像引路人那样，挽着我的手把我领到他家门口。
>
> 头一回，我未能走到普里亚日卡河。因为河水泛涨，桥都封闭了。
>
> ……
>
> 第二回，我才走到了普里亚日卡河边那幢房子跟前。这回我不是一个人去的。我的十九岁的女儿与我同行。少女仅仅由于我们要去探访勃洛克的故居而又悲又喜。[1]

在北京，有许多的名人故居是需要像康斯坦丁·帕乌斯托夫斯基那样，凭借感觉和推测寻找的。比如鲁迅在北京另外三处曾经的住处，就都是需要耗费体力和智力才能找到的。几十年来，北京鲁迅博物馆的工作人员，一直担任着带领外地来京的鲁迅研究者参观这另外几处鲁迅旧居的任务。

---

[1] ［俄］康斯坦丁·帕乌斯托夫斯基：《金蔷薇》，戴骢译，上海译文出版社2008年版，第214页。

文化名人与文化景观

  但是，寻找西三条 21 号鲁迅旧居却比寻找勃洛克故居要容易得多。早在 60 年前，就在这处旧居的基础上建立了北京鲁迅博物馆。即使不用智能手机上的导航功能，打开随便一张北京旅游地图，都能很轻松地找到鲁迅博物馆。乘坐公交车在阜成门北或者阜成门内下车，或者乘坐地铁 2 号线到阜成门站，东北出口的指示标志牌上就有"北京鲁迅博物馆"的符号。从这些下车的地方寻找阜成门北街，这条不长的街道顶头就是鲁迅博物馆的大门。

  但是鲁迅博物馆并不属于这条正对着的阜成门北街，而是门前东西走向的宫门口二条，门牌号码是"宫门口二条 19 号"。走进博物馆红色的木质大门，所有人都会产生豁然开朗的感觉。院落巨大，视野开阔。正对大门是鲁迅先生的汉白玉雕像，雕像是著名雕塑家张松鹤先生创作的，这尊鲁迅像是雕塑家张松鹤创作生涯中的代表作。雕像是象征性艺术，直接表达它的意蕴，说明博物馆这个场所的功能和任务。雕像后边是陈列厅，展示鲁迅一生的主要事迹。

  这是"鲁迅博物馆"还是"鲁迅故居"呢？

  在面对大门的这一片开阔区域，你并不会发现鲁迅故居。但在这个院子的范围内寻找鲁迅故居并不难，往前走再往左拐，一长列黑瓦白墙的平房建筑就会进入在你的视线，这就是鲁迅故居。鲁迅故居安详地坐落在这个到处都是花香和鸟鸣的大院子里。这个大院子占地面积有 12000 平方米，而鲁迅故居的面积只有 380 平方米。这个大院子就像是一个巨大的画框，而鲁迅故居就被精心地镶嵌在里边。在它周边有大量的空白和点缀，提示着被镶嵌物的重要性。鲁迅在建筑自己的住宅的时候并不富裕，所用的材料都是便宜货。因此，宅子本身既不算精致也不算庞大。但是，环绕在它四周的这个大院子却有高大的围墙，既恢宏又稳固。这个大院子宣告了鲁迅故居存在的坚固性和结论性。

  我们一直在说"鲁迅故居"，但是"西三条 21 号"呢？

  "鲁迅故居"就是"西三条 21 号"。

寻找西三条

在"鲁迅故居"大门门楣上，分明可以看见一个蓝色的门牌，上面的字迹是"□四区西三条21"。那个缺角上的空字是"内"，这个"内"字是在"文革"中被"红卫兵"用榔头砸掉的，如果不是工作人员的据理力争，整个门牌就会被当作"四旧""破"掉。

那么"西三条"呢？

"西三条"还有，但是在鲁迅博物馆的外边。在博物馆东边墙外，你就会看到宫门口三条，不过，原来的东、西三条合并成了三条。三条在博物馆东墙外拐了弯，与博物馆大门外的二条相交叉。

鲁迅博物馆的建筑范围包括二条以北和四条以南，这样，三条的西段就消失在博物馆的大院子里。当然，鲁迅故居以西还保留着一处平房院落，博物馆的人们叫它"西小院"，在这个西小院和鲁迅故居门前，还大致保留着几十米长的一段原来西三条胡同的模样。前些年，正对大门的展厅外边还有一棵老槐树，能够起到确定西三条胡同位置的作用，现在，这棵其实具有重要的定位功能的老树也没有了。这样，鲁迅故居门前的西三条只能像鲁迅《秋夜》中的"两棵枣树"一样，存在于人们的想象中了。

没有了西三条胡同的鲁迅曾经的寓所，不再是"西三条21号院"，而成了"鲁迅旧居"。

"西三条21号"还在，但是，与它相邻的20号、19号、18号、17号等都没有了，这些相邻的院子和这些院子一起构成的胡同，是"西三条21号"地点的特殊性所在。曾经，"西三条21号"舒服地编织在这些胡同景观中，与邻宅一起构成人们生活的世界。博物馆在建设时，强制性的把西三条21号与它周边的环境区别开来，重构、解构甚至破坏了原有的地理景观，这种效果即本雅明所说的"把一件东西从它的外壳中撬出来"。现在，博物馆是它新的外壳，这个新外壳起到了更鲜明、更强烈地呈现鲁迅故居的目的，但也强烈地削弱了它原来地点的特殊性和建筑与地点的融合与相配。

文化名人与文化景观

　　没有了西三条的西三条21号，不再是完整意义上的鲁迅及其家人曾经生活的居所，而成了一件在博物馆陈列的展品。这在一定程度上影响了人们参观体验的完整性，因为对建筑物的鉴赏本身，包含对它所处位置即环境的鉴赏。

三

　　但也不必过分悲观。事情有弊必有利。
　　改变是必然的。
　　地理学家洛温塔尔说过："每一次识别行为都改变着过去的遗留。且不说美化或仿制，仅仅是欣赏或保护一件遗物，都影响着它的形式或我们的印象。"[①]
　　实际上，自从1949年10月19日鲁迅旧居正式对外开放以后，西三条21号的功能已经发生了根本的变化，不再是人们实际居住的房屋，而成为供游客参观的展品。作为实际居住的房屋，西三条21号的主要功能是为主人提供生活的方便和舒适，为主人的主要工作和最终目标提供工具性功能。而作为游客参观的展品，鲁迅故居和故居内的生活用品都不再为了实际的使用以产生实际的目的，而是作为艺术品发挥符号的功能。建设博物馆之前，西三条21号院边界的开放性和与环境的融洽性，正说明它的非艺术功能，而博物馆建设对鲁迅故居与周边四合院的隔离是有意义的设置，强制人们非实用地观看眼前的建筑。
　　使用的方式决定了物品的价值。就像普通人使用的普通的语词也可以被文学家"文学地"和"美学地"使用来写作诗歌一样，一件普通的物品也可以作为符号被"文学地"和"审美地"使用。属于达达主义的杜桑，就直接把非艺术的现成物（ready made）纳入其画作中。最

[①] ［英］R. J. 约翰斯顿：《地理学与地理学家》，唐晓峰等译，商务印书馆1999年版。

著名的《便池》，就是一个被设置在博物馆墙壁上、作为艺术品的真实的便池，只因为这个便池被设置在博物馆，上面有作者的签名，人们并不能往它里面撒尿，它就是艺术。所以，"关键并不在于物件的'价值'，而在于它被'安置'成艺术"①。

  实际上，鲁迅旧居在鲁迅及其家人在此居住的大多数日子里，并不显眼，它只是隐蔽在宫门口西三条胡同里的一座普通的四合院。也正是由于它与周边环境没有缝隙的融合，才让人们产生难以寻找的感觉。那时候的西三条21号，是鲁迅的生活世界，这个生活世界在大多数时候是自我隐匿的。只有在极其个别的时候，如鲁迅在《秋夜》《一觉》等作品中，旧居里的枣树、油灯，才会在十分特殊的情境下从背景中浮现出来，成为作家道说的对象。也正是因为这个生活世界的隐遁不彰，才为鲁迅开启出来一个可以自由行动的空间，并在这一自由空间发挥出潜在的能量。实际上，现在展示在我们眼前的房屋、房屋内的家具、用具都不过是功能物，承担姻缘联系中的部分职能，而所有的这些部分职能，又最终指向作家鲁迅的写作生活。

  现在，鲁迅故居是一件摆置出来的艺术品。这些房屋和房屋内的物品不再是具有内在特性的日用品，而是被提高到了具有一定主体性格的意义丰富的符号。他们站立在只有它们才能占据的位置上，骄傲地面对前来参观访问的游客们。因为它们知道，只有它们曾经与这里的主人有过如此密切的接触。如今，它们是征兆和信号，向今天的我们传递着当年主人寄存在它们身上的信息。它们具有特别的光亮，让所有的后人们面对它们时，感到一种特别的惊奇。

  英国地理学家约翰斯顿说："景观是这样一种文本，它是正在曾经生活在这里的人的创造物。"这句话需要在"正在"和"曾经"之间加上一个"和"字才好理解，就是说，地理景观是曾经生活在这里的人

---

① ［英］理查德·阿皮尼亚内西：《后现代主义》，黄训庆译，广州出版社1998年版。

和后来生活在这里的人一起创造的。

面对这样一个井井有条而又人来人往的小院,那个曾经创造了它的主人的不在场,却格外突出地显现出来。那把"东壁下"空着的藤椅,那盏已经很久没有点亮的油灯,都在提示它们真正的主人的过去的曾在和如今的不在。

我们要怎样生活和创造,才能对得起那个如今不在但实际上永在的存在,才能坦然地漫步在他曾经漫步过并"看见"过奇景异象的小院。

诗人臧克家在鲁迅故居刚刚开放的时候来过西三条 21 号,并写下了著名的诗歌《有的人》,其中开头的几句最为精辟而深刻。

有的人活着
他已经死了;
有的人死了
他还活着。

记住这首诗歌吧,它和鲁迅故居一起教导我们学会自持和谦卑。只有这个时候,你才算是寻找到了西三条。

作者系北京鲁迅博物馆(北京新文化运动纪念馆)
社教部主任、研究馆员

宋庆龄关于促进祖国统一的思想

李雪英

2016年11月11日,纪念孙中山先生诞辰150周年大会在北京人民大会堂隆重举行。中共中央总书记、国家主席、中央军委主席习近平在大会上发表重要讲话,强调:"孙中山先生始终坚定维护国家统一和民族团结,旗帜鲜明反对一切分裂国家、分裂民族的言论和行为。"他指出,实现祖国完全统一,是中华民族根本利益所在,也是全体中华儿女的共同愿望和神圣职责。总书记义正词严、掷地有声地指出:"我们绝不允许任何人、任何组织、任何政党、在任何时候、以任何形式、把任何一块中国领土从中国分裂出去!"这番话引起全场经久不息的热烈掌声,向国际社会表明了中国人民的决心和信心,产生了深远的影响。

总书记要求,所有敬仰孙中山先生的中华儿女更加紧密地团结起来,把孙中山先生等一切革命先辈为之奋斗的伟大事业继续推向前进。弘扬孙中山、宋庆龄精神,要肩负促进祖国统一光荣使命,把握历史机遇,担当历史责任,做出应有贡献。

本文从孙中山先生的论述出发,对宋庆龄关于促进祖国统一的思想概述如下,主要包括两岸关系的实质、根源、核心和处理方式等。

一 "台湾是中国的领土"是历史事实

孙中山先生说："中国是一个统一的国家，这一点已牢牢地印在我国的历史意识之中，正是这种意识才使我们能作为一个国家而被保存下来。""'统一'是中国全体国民的希望。能够统一，全国人民便享福；不能统一，便要受害。"为孙中山未竟事业而奋斗，是宋庆龄毕生的坚持。宋庆龄明确指出："只有一个中国！[①]"从这个论点出发，她认为："台湾是中国的领土，好多世纪以来一直如此，这一点已为今天世界上一切明白是非的国家所承认。""能证明它们是中国领土的历史事实真是太多了。"这个历史事实毋庸置疑，不能予以否认。宋庆龄说："因为只有容易受骗的人，才会相信台湾和其他岛屿不是中国的领土。""在有'多少'中国的问题上，除非甘心去犯极大的错误，是绝不可以凭主观臆断办事。"

二 "两个中国"主张的实质是帝国主义干涉的翻版

那么，为什么会出现"两个中国"的论调呢？宋庆龄指出，所谓"两个中国"的主张，"只不过是十九世纪四十年代鸦片战争以来，中国一直在遭受着的帝国主义干涉的翻版"。

宋庆龄指出了把中国分裂成几部分的主张的根源。她认为："这是帝国主义者在过去整整一个世纪中干预中国国家生活时惯用的手法。事实上，这也是他们使我国沦为半殖民地的主要方法。臭名昭著的'势

[①] 宋庆龄：《只有一个中国！》宋庆龄选集（下卷），人民出版社1992年版，第144—154页。

力范围'，就是这种分裂政策的具体结果。""这种政策削弱了我们的国力，把我国降到从属的地位。"

宋庆龄追溯到解放战争时期，美国政府在腐败的国民党身上花了60亿美元军事援助，但无济于事。在逃跑前作最后挣扎的时刻，它再度使用了分裂的老伎俩，就是"划江而治"的一场宣传运动。但"国民党的二十年统治只给人民带来贫困、屈辱和恐怖，全国人民对之已深恶痛绝，坚决支持英雄的人民解放军快速挺进、把国家的命运掌握在自己手中。"

接着她指出，目前"他们唯一可利用的力量"就是国民党，它在台湾被支撑起来，并在世界被作为美国的"盟邦"展示出来。"在侵略战争、军事骚扰和颠覆阴谋都未能搞垮中华人民共和国之后，这个陈旧的分裂战术又被端了出来。一个外国帝国主义强国从中国分裂出去一部分领土，并为了自己的目的，试图把它变成一个政治实体。"

帝国主义在积贫积弱的中国争地盘，寻找代言人，培植反动势力以满足其长期利益，干涉中国的政治局势，这是两个中国的根源。

她的朋友——著名记者爱泼斯坦1947年在纽约出版了《中国未完成的革命》[①]，书中进一步追溯到抗日战争结束时，"美国海空运输司令部赶紧把蒋介石的部队运送到那些地方，登陆的美国海军陆战队则与日本人合作守卫桥头堡和交通要道"，使得日本投降成了日美两国之间的猎物"移交"。

爱泼斯坦论述了蒋介石政府和美国勾结的根源，认为："在亚洲，人们谋求自由，但不同的人有不同的目的。""穷人的民族主义是梦想得到像样的居住条件和吃饱肚子，而亚洲封建富人们的民族主义却是梦想恢复已经消失的古代帝王的荣耀。……当他们本国人民奋起斗争的时候，他们往往情愿请求军事上更强大的西方人来镇压。""反抗民族奴

---

① 转引自张彦《爱泼斯坦》，人民日报出版社1996年版，第35页。

役的斗争本身就需要武装，并且训练许许多多贫苦人民……斗争长期进行下去，就会有越来越多的穷人学会打仗以及懂得为什么而战。在中国，民族战争改变了国内的力量对比，开辟了一条比以前更广阔的走向进步的道路。""现在，日本人已经被赶走了，中国不愿成为外国人支持的国民党的独家财产。它愿意成为中国人民的中国。"

爱泼斯坦还援引美国自身经历，证明了中国人民选择的正义性。他指出："那些引来外国帮凶的人总是为自己的人民所憎恨。吴三桂的名字现在每一个中国人一提起就表示蔑视。"他还以美国历史史实来说明，美国革命时，英国无疑是当时世界上最民主的国家，美国人也为自己是生来自由的英国人而感到自豪。然而，当他们起来造反为实现独立而战的时候，英国却用军队和雇佣军来加以镇压。因此，后来，英国人在美国被憎恨了一个世纪。为美国独立而战的军队所重视的，不是谁在其国内民主不民主，而是谁反对、谁支持他们的民主。

综上所述，"两个中国"是国内反动势力与帝国主义相勾结，联合起来镇压人民，没有成功从而退守孤岛，而人民中国的力量尚不足以与强大的帝国主义相抗衡的历史产物。一句话，是反动派卖国与帝国主义霸权相结合的历史产物。

宋庆龄指出，制造"第二个"中国的目的，"就是提供一个基地，以便从多方面再度向中国人民发起进攻"。

三 停火和公民投票等建议都是以牺牲中国主权为代价

宋庆龄指出，帝国主义在根据时代变化调整他们分裂中国的策略。由于"'独立与和平'已成为从直布罗陀到中国海的各国人民的共同呼声。各国人民明确无误地表示，他们痛恨战争，他们憎恶那些以战争恫吓干涉别国内政的人的行为"。因此，帝国主义"想用一切代价来避开它们的作用","它着手为它用武力占领台湾和中国其他领土的行为寻找论据"。

她指出,帝国主义的宣传是翻手为云、覆手为雨的玩意儿,揭穿了那种肆意歪曲的逻辑。针对美国企图证明台湾甚至不是中国的,宋庆龄指出,既然台湾地位未定,那么,国民党残余如何能在美国庇护下盘踞在台湾,并把自己称作"中国"?

针对美国的企图,宋庆龄说:"我们必须防止台湾落入敌人手中,因为这将威胁我国的安全。"宋庆龄指出:"这就是说,如果合法所有者试图从非法武装占领者手中收复失地,就是'侵略',就是'战争行为'。这就是说,强占距本国海岸八千英里,而距合法所有者只有五至一百英里的地方是'和平行为',是保卫他们的'国家安全'。换句话说,美国统治集团试图把他们一手造成紧张局势的责任,推卸给中国人民。"

针对美国把自己说成"和平的缔造者",呼吁在台湾海峡实现"停火"的花招,她指出:"这完全不是什么正义事业,而是明目张胆地侵犯一个主权国家在其某一部分领土上的权利。""在台湾地区不存在国与国之间的战争状态;建议'停火'的目的,是要把美国和国民党占据的岛屿从中国永久地分裂出去。"

针对美国的巨大"让步"——暗示只要中国同意"停火",美国可以同中国做一笔"交易",即从金门、马祖这两个沿海岛屿撤退,宋庆龄揭露,这一让步可以使美国:(1)摆脱再防卫那些距中国海岸仅几英里的阵地的负担;(2)得到各国爱好和平的人民进一步的好感,对中国形成一种压力;(3)取得盟国的好感,使他们和美国一起,共同"保证保卫台湾,并解决它的前途问题"。

由此宋庆龄指出,"两个中国"和"其他各种有关台湾的建议,如中立化、托管、公民投票等等","实质上都是一丘之貉,都是以牺牲中国主权为代价的政治上的权宜之计"。

最后她得出结论："'停火'和'两个中国'的主张同解决台湾海峡的紧张局势没有什么关系。""它们被故意提出来以使局势复杂化。"因此，主权国家要求行使自己的权力，"台湾问题必须按照中国人民的意志以及我国国家安全的最大利益来解决，并且必须在没有外来干涉的情况下加以解决"。

四　台湾问题的核心是它纯属中国的内政

"主权"，在国际法上指国家独立自主地处理对内、对外事务的最高权力。近代的国家概念中，主权是国家区别于其他社会集团的根本属性。国际法就是在平等的主权国家相互交往中形成的，主权是国家作为国家法主体必须具备的条件。法国革命提出了"人民主权"和"不干涉内政"的原则，得到了各国的普遍承认。在对国际形势有着深刻认识的基础上，宋庆龄抓住了台湾问题的核心。

她指出："台湾问题的核心是，它纯属中国的内政。那里发生的事情完全是中国境内的事，它只涉及中国人民同国民党残余的关系问题，而对任何其他国家或人民的事务则毫不相干。"

"中国人民决不接受使台湾和台湾海峡'中立化'或'置于监督下'的任何建议。我们认为，这些建议侵犯了我们作为一个主权国家来解决我们自己的问题的权利。我们认为这些建议是老式的殖民主义态度。"

宋庆龄揭露"要求我国不诉诸武力解决台湾问题"的本质，仍然是对中国主权的干涉。她指出："当鼓吹'不使用武力'的时候，在这两个问题中，究竟是指的哪一个呢？如果是指内部问题，那么，显而易见，这是要由有关两方来解决的问题。如果是指国际问题，那么，假如没有外国军队在场，这个问题根本就不会发生。很明显，外国军队在场是想通过炫耀武力来阻挠就内部问题作出决定和加以解决。"这一主张，使"台湾则公开被划定为、而且实际上已作成对中国和亚洲大陆进攻的'三条路线'之一"。

宋庆龄表达了中国愿意和平解决台湾问题的意愿。"解放台湾完全是一个内政问题。我们有几种方法可以采用，但是我们宁愿采用和平的方法来解决这个问题。"

她申明，愿意用和平方式解决由于外国军事干涉给台湾地区带来的国际问题。"由于外国的军事干涉，在台湾地区存在着国际问题，主要是美国和中国之间的国际问题。这些问题同国内问题是根本不同的，但是这些问题也可以而且应该和平地加以解决。"[1]

宋庆龄指出了亚非人民在摆脱别国干涉本国内政事务上相互合作的必要性。她说："在这里我所要说明的一点，就是西伊里安、台湾、印度的果阿和其他问题，都是亚非人民为了摆脱帝国主义者干涉我们的内政，为了制止这种外来势力在这些地区造成紧张局势而进行的斗争的一部分。这是一场要求我们不但在各自的问题上而且在国际事务方面的合作上都要相互支援的斗争。"[2]

从维护主权、不允许干涉内政的立场出发，她坚决拥护周总理关于台湾海峡地区局势的声明，提出"绝对不能容忍这种粗暴的干涉和露骨的侵略"，要求"制止美国的挑衅行为"[3]。

五　实现统一大业是每个中国人的责任

1955年，宋庆龄指出："中国只有一个。那就是由中国人民在一九四九年十月一日建立的中国。在近代史上，这是第一个真正拥有主权的

---

[1] 宋庆龄：《中国和印度尼西亚之间日益增长的友谊》，《宋庆龄选集》（下卷），人民出版社1992年版，第211—223页。
[2] 同上。
[3] 宋庆龄：《制止美国的挑衅行为》，《宋庆龄选集》（下卷），人民出版社1992年版，第330—331页。

中国。它充分体现了我们整个民族的意志和愿望。它以完全平等的地位和其他国家进行交往。它完全有能力、而且有决心按照中国人民自己的判断来安排本国的事务。"① 但是，解决台湾问题并不那么简单。

1979年，宋庆龄在讲话中表达了对祖国统一的热望。她说："我向台湾的儿童工作者致以热烈的问候，我们热切关怀台湾的儿童，我们要为台湾早日归回祖国，实现统一祖国而努力。"②

她认为，实现统一大业，每一个中国人都有责任。"我不能不想念台湾的骨肉同胞。三十年了，台湾回归祖国、实现国家统一的大业还没有完成，哪一个中国人不应感到身有责任呢？"③

根据形势的变化，宋庆龄希望能够通过爱国统一战线实现统一。她说："今天，不论是国内形势还是国际形势，都有利于我们来完成这项伟大事业。我们热切期望台湾同胞能同我们一起，共同努力，来进一步发展和壮大革命的爱国的统一战线，为台湾早日归回祖国、共同发展四个现代化的建国大业而做出应有的贡献。"④

她通过各种渠道重申了她的愿望。1980年，她在全国妇联纪念三八国际妇女节70周年大会上致辞说："中国大陆的妇女除了建设祖国并同各国妇女一起反对侵略、支持民族独立斗争、维护妇女和儿童权益外，热切盼望台湾姐妹们回来探亲访友，共同为祖国统一而奋斗。"⑤

1981年，宋庆龄参加了辛亥革命70周年纪念的筹备工作。"这不仅是为了纪念孙中山领导的这一革命，也是为了向台湾当局呼吁完成祖国统一大业……在她心里又重新燃起了为全民族的利益实行国共重新合

---

① 宋庆龄：《只有一个中国!》，《宋庆龄选集》（下卷），人民出版社1992年版，第144—154页。

② 宋庆龄：《在中国人民保卫儿童全国委员会全体会议上的讲话》，《宋庆龄选集》（下卷），人民出版社1992年版，第571页。

③ 宋庆龄：《人民的意志是不可战胜的》，《宋庆龄选集》（下卷），人民出版社1992年版，第586—591页。

④ 同上。

⑤ 尚明轩：《宋庆龄年谱长编（1893—1948）》，北京出版社2002年版，第353页。

作的希望。"①

对宋庆龄来说，两岸统一与亲人团聚是一体的。祖国统一之日，就是他们兄弟姐妹重聚之时。即使身后，她的兄弟姐妹能够葬在父母身边，也符合传统中国文化重视亲情的心理期待。宋庆龄知道，她早已不再是一个单纯的个人了（她从同孙中山结婚那天开始就不再只是她自己了，踏上政治舞台以后更是如此），她的每一个行动都必须衡量其公众影响。正因为这一点，她希望通过她的行动来增加两岸人民的福祉。

宋庆龄希望同她的亲人（包括妹妹美龄）重聚。据邹韬奋夫人沈粹缜（曾任中国福利会秘书长）回忆，宋庆龄确实渴望宋美龄北京之行能够实现，既是为了私情，也是为了此行的政治意义。沈粹缜说："宋庆龄有一个未能实现的愿望。她很思念美龄。她告诉我，如果美龄来了，觉得住在她家里不方便，可以安排她住到钓鱼台（国宾馆）去。她把许多细节都想到了。现在她已经故去了，但我还是要把话传给宋美龄：她姐姐思念她，甚至于想到她可以在哪儿住。"②

宋庆龄逝世的时候，治丧委员会向在台湾和海外的宋庆龄亲属蒋介石夫人（宋美龄）、孙科夫人、宋子良及夫人、宋子文夫人、宋子安夫人、蒋经国、蒋纬国以及宋霭龄和孔祥熙的子女孔令侃、孔令杰、孔令仪、孔令伟等发出邀请，欢迎他们前来参加丧礼。还通知，台湾中华航空公司的专机可在北京及上海降落，一切费用由该会负担。廖承志认为，这些讣告和邀请已完全证明是有作用的，震动了这些流亡在外的人。

在党中央的领导下，在宋庆龄身后成立了中国宋庆龄基金会，继续发挥着宋庆龄的影响。今天，孙宋家族的后人来北京，宋庆龄故居是常去之地，他们中有人还担任着中国宋庆龄基金会的理事。对他们来说，

---

① ［波］伊斯雷尔·爱泼斯坦：《宋庆龄——二十世纪的伟大女性》，人民出版社1992年版，第649页。

② 同上书，第657页。

对宋庆龄的思念与对祖国统一的愿望是一体的。

大陆和台湾同属一个中国，大陆同胞与台湾同胞是血脉相连的命运共同体，两岸统一是中华民族走向伟大复兴的历史必然。宋庆龄认为："任何时代的英雄都是这样一种人：他们以惊人的忠诚、决心、勇气和技能完成了那个时代放在人人面前的重要任务。"

实现两岸统一的历史任务就在眼前，只有融入这一潮流并做出贡献，人们才能把握自己的命运。新的历史时期，贯彻落实习近平总书记讲话精神，就要弘扬孙中山、宋庆龄精神，高举爱国主义伟大旗帜，壮大爱国统一战线，团结一切可以团结的力量，为完成祖国统一大业、实现中华民族伟大复兴而奋斗。

作者系宋庆龄故居社教部主任、副研究员

"让文物活起来"的现实应对和策略选择

——以郭沫若纪念馆文化活动为例

张 勇

党和政府近年来特别注重博物馆的发展,特别是2014年2月,习近平总书记在首都博物馆参观北京历史文化展览时强调,搞历史博物展览,为的是见证历史、以史鉴今、启迪后人,要在展览的同时,高度重视修史修志,让文物说话,把历史智慧告诉人们。在此精神的指导下,郭沫若纪念馆作为全国文化名人类的博物馆,在文化活动中注重讲好馆藏文物背后的故事,把历史的智慧传递给观众,让现存的馆藏文物活起来,以此来激发我们的民族自豪感和自信心。

每一个纪念馆都有它的前世今生,它们演变的过程都不尽相同,郭沫若纪念馆就是一个非常独特的存在。郭沫若纪念馆是占地面积7000多平方米的庭院式两进四合院,原为中医世家乐氏达仁堂私宅的一部分,始建于20世纪20年代,50年代以来,先后做过蒙古国驻华大使馆和宋庆龄寓所。1963年11月,郭沫若从北京西四大院5号迁入,至1978年6月12日病故,在这里度过了他的晚年。1982年,这里被列为全国重点文物保护单位。1988年,郭沫若故居正式对外放。1992年,被北京市政府命名为爱国主义教育基地,1994年才正式更名为"郭沫若纪念馆"。

自从1978年6月开始筹建以来,郭沫若纪念馆已经走过了风风雨雨的历程。在这些时间里，郭沫若纪念馆历经了由"郭沫若著作编辑出版委员会"到"郭沫若故居"再到"郭沫若纪念馆"名称变更，职能也由当初的单一出版郭沫若全集的编辑机构，转变为具有科学研究、文物保护、对外展览以及公众教育的对外开放型博物馆。以上这些功能的叠加，使得郭沫若纪念馆既具有了一般博物馆展览展示的功能，也具有了学术探究的性质。因此，在"让文物活起来"的国家文化战略中，郭沫若纪念馆根据自身的特点，做出了现实应对的策略选择。

一　寻找文物新的生长点

如何更好地让文物呈现出其本有的价值内涵，以此来沟通远古与现代、历史与现实、物质与精神，应是"让文物活起来"国家文化发展战略的核心内涵。文物是博物馆特有藏品的总称，因此，文物的保护和展示是博物馆最重要的任务之一。但文化名人故居纪念馆与器物类博物馆在文物保护的具体方法选择上，还存在着不同。文化名人故居因为其基本都属于各级的文物保护单位，因此，馆藏的物品自然而然地便被视作文物加以珍藏。这些文物又与古建类型的博物馆有着很明显的区别，文化名人故居博物馆的文物，大多是这些文化名人生前创作作品的底稿、手稿、版本书、书信以及他们所使用过的物品等。对这些文物的保护，多年以来，资料保护者基本都是采用"藏而不见"的方法。他们认为，保护就是要束之高阁，就是要秘不示人。实际上，这是一种极其被动的保护方法，它既造成了对这些文物资料难以有效利用的现象，也造成了博物馆与其他学科领域隔阂的现实。在这种理念之下，相关的研究者们只好望而却步，合作共赢更是一件可望而不可即之事。面对新的现实，郭沫若纪念馆在近年来对馆藏文物的展览展示中，特别注重盘活馆藏文物资源，用鲜明的主题展览弘扬优秀传统文化和社会主义核心价值观，从而激发馆藏文物的鲜活生命力。

1. 展览与研究的融合：赋予文物新的生命内涵

文物要想真正活起来，首先就应该阐明其内在的文化内涵，特别是探究文物当下的社会价值和文化意义，要实现这一点，只靠简单地把文物放置在展柜中展示出来，让观众去欣赏品鉴，肯定是行不通的。这就必须依靠学术研究的方法，依据科学的理论阐释体系，推导出具有学理性的结论。因此，要找寻文物的生命力，最有效的方法便是让研究与展览互为表里、相得益彰。

郭沫若纪念馆特殊的历史沿革和隶属关系，决定了"科研立馆"是其生存之本，也是根本要求。郭沫若纪念馆隶属于中国社会科学院，是中国社会科学院唯一对外开放的窗口。中国社会科学院是马克思主义的坚强阵地，是我国哲学社会科学研究的最高殿堂，是党中央和国务院最高的思想库和智囊团。在这种学术研究的定位下，郭沫若纪念馆中的馆藏文物，不仅仅是简单陈列展示的物品，更是具有学术性研究价值的珍贵史料。特别是作为现代文化名人——郭沫若晚年所生活的场所，馆里藏有大量的郭沫若创作手札、藏书以及手稿，还有他与同时期其他文化名人之间互相交往过程中相互的通信等珍贵的史料文献。这些馆藏文物本应该成为学术研究的重要组成部分。博物馆也可以利用其对外宣传教育的功能，扩展现代文学研究的范畴和影响。对此，我们结合馆藏文物的情况，在各个主流媒体中刊发多组有关的普及文章。另外，也借助于馆办刊物的资源进行相关的推介。例如，《郭沫若研究年鉴》是我们宣传馆藏文物的重要阵地。在 2014 卷中，我们专门开辟出馆藏资料的专栏，刊登了 5 封郭沫若纪念馆独家藏有的郭沫若的手稿、书信等珍贵历史史料，并且对这些史料进行了识文释读，也是这些文物第一次与社会见面。特别是《内山完造氏逝世三周年纪念》诗文的手稿公布，对于研究郭沫若与内山完造之间的关系，将具有重要价值。

馆藏文物的展览展示与学术研究结合在一起，是郭沫若纪念馆主动应对"文物保护"这一社会敏感问题的策略。通过这种途径展览展示，为学术研究提供了新的线索；学术研究同样利用其结论成果，提升了文物的文化历史内涵，拓展了文物的学术价值和社会影响。

2. 展示与开发的结合：以文化创意产品拓展文物的内在价值

积极推动文物保护成果创造性转化，让文物蕴含的价值融入人们的日常生活，也是让文物活起来的重要途径。党的十五届五中全会通过了《中共中央关于制定国民经济和社会发展第十个五年计划的建议》，"文化产业"这一概念第一次在中央正式文件里提出。"文化产业"概念的提出，反映了社会主义市场经济体制对文化发展的必然要求。文化产业是指生产、销售文化产品和提供文化服务的经营性行业，是文化中可以用产业方式运作的那一部分。文化产业所包含的内容是十分丰富的，在最广泛的意义上，所有以创造文化意义和文化品牌为主的产业，都可以称为"文化产业"。因此，郭沫若纪念馆馆藏文物的社会价值的展现，必须以文化产业的方向为引导，积极拓展思路，以创造特色经济产品的文化意义和文化价值、文化品牌为重要任务。

郭沫若纪念馆的文化创意产品开发，要充分利用馆藏文物资源，发挥这些文物最大的文化内涵，秉承"简约而不简单"的设计理念，形成了文化性、实用性、简洁性为一体的文化创意产品。这些文化创意产品既能扩展馆藏文物的文化内涵，又能增加现有文物的艺术价值，真正让文物活起来。"寓教于乐"是郭沫若纪念馆文化创意产品设计开发的核心观念，通过以上的设计理念，真正把郭沫若纪念馆馆藏文物的历史价值与社会价值结合起来，最大限度地发挥文物服务社会的功能。《百花齐放》扑克牌的设计就是如此。这副扑克牌以郭沫若创作于 1958 年的《百花齐放》诗集作为基础，并从郭沫若纪念馆馆藏的郭沫若手书墨迹中选取 52 幅，牌面分别依花卉植株为草本或木本分类，按照花卉的开放季节为序排列，每一株花的样子也印制在相应的诗作之上。这副扑克牌看似简单，却具有非常多元的文化阐释空间，因而也是具有特殊价值的文化创意产品，这便赋予了文物新的价值，让文物在现实生活中活起来。

二 让文物走出博物馆，走向更加宽广的认知世界

文物要想真正"活"起来，还应该走出本馆馆舍，进行馆际间的交流与合作，在交流中提升，在合作中共赢。郭沫若从五四运动走到新中国"科学的春天"，历次中国现代社会的重大历史事件和变革，都能找到郭沫若的身影。他在这些文化活动和社会变革中，与其他文化名人交往、沟通、合作，建立起不同的交往圈。另外，郭沫若的文化成就也涵盖了文学、历史学、古文字学、翻译、书法诸多领域，由此他也与不同领域的文化名人有过交集、论争、唱和。对于郭沫若，不能只研究他这一个人，还应该从与之相关的文化名人进行考量，只有这样，才能展现出一个完整的郭沫若。作为郭沫若纪念馆来讲，我们所藏的有关郭沫若的文物，可能只是有关他的文物中的一部分，这就需要不断加强与相关文化名人故居的交流与融合，让文物走出馆舍，与其他相关文物进行对接和融合，最大限度地发挥其固有的文化意蕴。

1. 交融：现代文化名人对接的效应

伴随着各类专业博物馆的发展，近些年来，以现代文化名人为主体的名人故居博物馆，也如雨后春笋般地成立起来。这些现代名人故居博物馆有着自己先天的优势，它们既具备一般博物馆以展览为主的特征，也具有名人自身生活场所的特性，因他们所展示的主体大多为广大民众所熟知的人物，因此，这类博物馆更加具有亲和力和吸引力。另外，由于名人生活的时代、社会经历大体相似，并且在诸多社会重要活动中有

交集，因此，他们之间具有互证性，并且相互补充。延伸到故居的领域，在现有的馆藏文物中，依然会找寻到诸多同时期文化名人的印记。因此，加强同一类别名人故居纪念馆间的馆际交流，也将会激活文物固有的生命力。

郭沫若与老舍同为现代社会中的重要文化名人，他们在新中国成立后的交往更为密切。他们共同在人艺探讨戏剧舞台艺术；共同出席各种文化活动；相互写信，以古体诗创作唱和。在郭沫若纪念馆，就藏有老舍写给郭沫若的书信。为此，郭沫若纪念馆与老舍纪念馆在2016年联合举办了"戏里戏外：郭沫若与老舍戏剧艺术创作与交往展"；老舍纪念馆还在郭沫若纪念馆举办了"永远的老舍展"。通过这些展览所展出的文物，可以将郭沫若纪念馆馆藏的有关老舍的文物进行对照印证，从而还原这两位文化名人那一段鲜活的交往史。因此，通过这样同类型博物馆间的馆际交流，我们实现了馆藏文物与历史的对接，让文物回到历史的场景，以全新的生命参与到历史的进程之中。

2. 联合：北京八家名人故居纪念馆聚合的力量

从2000年开始，郭沫若纪念馆作为发起者，联合了以北京鲁迅博物馆、茅盾故居等为首的北京现代文化名人故居，一起策划展览，举办活动，被业内称为博物馆界的"乌兰牧骑"。通过十几年的历程，北京八家名人故居纪念馆已经成为首都博物馆界联盟的样板。八家名人故居因何而联合在一起呢？除了他们都隶属于博物馆系统外，主要还是因为他们有着内在的关联，他们都是中国20世纪的文化名人，共同参与到20世纪中国新文化的建设中，都纳入现代文化的范畴内。鲁迅、郭沫若、老舍、茅盾是文学家，宋庆龄和李大钊是政治运动领袖，徐悲鸿和梅兰芳是艺术大师，他们共同构建了20世纪中国新文化的雏形。

由于这种内在的关联性，八家名人故居纪念馆就具有联合活动的合理性和可能性。每一年，八家名人故居纪念馆根据不同的文化宣传主题，策划和举办不同的展览活动，这些展览展示的活动绝不是被动地迎合某一口号标语，最主要的是，通过对各个名人故居纪念馆馆藏资源的综合展示，呈现出一幅完整的中国现代社会发展的某一历史场景，复原某一重要时刻。例如对八位文化名人20世纪20年代文化事件的展示，使观者全方位地知晓在当时社会进程中，在政治领域、文化领域，这八位文化名人千丝万缕的关联，合力构建了一个全新的文化价值体系，由此我们就能跳出单一的线性思维模式，全景式地知晓每一位文化名人的社会价值，通过这样的联合活动，将更好地让文物在历史长河永葆本有的价值，发挥源源不断的文化活水之源的价值。

3. 拓展：利用国家外宣战略，让馆藏文物走出家门

2013年9月和10月，中国国家主席习近平在出访中亚和东南亚国家期间，先后提出共建"丝绸之路经济带"和"21世纪海上丝绸之路"的重大倡议，由此形成了"一带一路"的概念和框架，并且得到了国际社会的高度关注。

自"一带一路"倡议提出之后，国内、外举办了一系列有关"一带一路"的论坛、研讨会、博览会等，这对增进理解、凝聚共识、深化合作发挥了重要作用。在文化战略上，更是开展了丰富多彩的活动。例如清华大学继续教育学院主办、清华大学继续教育学院国际教育部承办的"一带一路"与大型企业"走出去"国际工程人才培养研讨会。这些活动有效地推动了中国与"一带一路"沿线国家的文化交流与沟通。但是，如何形成持续性的文化影响力，搭建切实可行的文化沟通平台，形成持之有效的文化交流机制，应是"一带一路"文化战略发展首先需要解决的问题。

首先，"一带一路"国家战略不仅仅是经济上的合作，更主要的还是文化的融合与发展，要让世界去了解现代中国文化发展的战略。习近平总书记多次强调，我们不仅要让世界知道"舌尖上的中国"，还要让

世界知道"学术中的中国""理论中的中国""哲学社会科学中的中国",让世界知道"发展中的中国""开放中的中国""为人类文明作贡献的中国"。如何客观地展示中国文化发展的全貌呢?肯定不是只靠几组数据、几句话语能够做到的,还应该借助于具体可感的人物形象。以宋庆龄、鲁迅等为代表的近现代八位重要的文化名人,他们在文学、历史、考古、艺术、表演等方面代表了现代中国文化创作的最高水平,通过对他们所创作的具体成果进行展览展示,能够集中而全面地展示出现代中国文化与世界文化融合交流的过程以及中国现代文化繁荣发展的历程。

其次,"一带一路"国家战略,辐射到沿线65个国家和地区,如何同这些国家和地区进行平等的交流与合作,是中国外交的重要内容。这种外交政策既不同于中美外交,也不同于中日外交,在"一带一路"的外交策略选择上,文化外交无疑具有重要的战略价值。文化外交是当今中国外交发展的一个重要的方面,丰富和发展文化不是文化外交的根本目的,以文化交流为媒介,维护、促进国家文化利益(如民族文化的完整),实现国家对外文化战略,才是文化外交的宗旨。

"中华名人展"所展示的是以宋庆龄、鲁迅、李大钊、郭沫若、老舍、茅盾、徐悲鸿、梅兰芳等为代表的近现代中华文化名人。这些文化名人都与中国共产党有着密切的联系,他们有的是中国共产党的缔造者,有的是中国共产党的优秀党员,有的是中国共产党的亲密战友,他们都见证了中国共产党在中国现代历史发展过程中的伟大作用,共产主义和马克思主义都深刻地影响了他们的人生选择、文化追求,也是他们永葆先进性的思想武器。在"一带一路"沿线国家展示这些现代中华名人的生平思想,也是展示中国共产党先进性的重要手段。因此,"现代中华名人展"不仅是对现代中国文化的全面展示,对中国外交策略的发展也具有现实的意义和价值,同时表明了它对于"一带一路"国家战略的重要作用。

为此，郭沫若纪念馆借助中埃建交 60 周年，在埃及苏伊士运河大学成立了郭沫若中国海外研究中心，并成功举办了郭沫若生平思想展。我们把郭沫若纪念馆馆藏的郭沫若头像按照原尺寸复制，赠予郭沫若中国海外研究中心，作为他们永久的藏品。有参观者说："这是郭沫若第三次来埃及，这一次他就永远地停留在了这里。"通过这样的文化外宣和文物复制品的输出，我们真正实现了中外文化无缝的对接和融合，也让馆藏文物具有了更多的存世价值。

留住文化根脉，守住民族之魂，是"让文物活起来"的核心文化内涵。郭沫若纪念馆在对文物的保护、开发和利用上秉承该理念，通过学术研究的提升，文物外延的拓展以及对外馆际间的交流与合作，真正实现了让"活"起来的文物讲述好中国故事。

作者系郭沫若纪念馆副研究员

浅谈名人故居利用自身红色旅游资源

刘 洋

当今社会发展日新月异，旅游业在城市经济发展中的产业地位和经济作用日趋明显。近年来，中国旅游业保持着良好的发展势头，旅游业对城市经济的拉动、对社会就业的带动以及对文化环境的促进作用，日益彰显，旅游业已经是中国经济发展的支柱产业之一。2016 年的国庆黄金周，举国上下享受该年最后一个长假期，外出旅游已成为国人享受假期生活的重要组成部分。

"红色旅游"是指以 1921 年中国共产党建立以后的革命纪念地、纪念物及其所承载的革命精神为吸引物，组织接待旅游者进行参观游览，实现学习革命精神，接受革命传统教育和振奋精神、放松身心、增加阅历的旅游活动。① 中国革命斗争遗留的各种纪念物，不但具有政治意义，也具有丰富的历史内涵和人文价值。红色旅游作为一种爱国主义主题性旅游形式，是开展爱国主义和革命传统教育、弘扬民族精神的重要载体。红色旅游是政治工程也是文化工程，还是经济工程及富民工程。红色旅游的过程，不仅是观光赏景的过程，更是人们学习历史、增长知识、陶冶情操、提高修养的过程。通过新闻节目对国庆黄金周旅游

---

① 杨琳:《发展红色旅游，弘扬红色文化》，《旅游纵览》（行业版）2011 年第 3 期。

情况的介绍也可以发现，红色旅游现已成为我国旅游业的重要组成部分和生力军。特别是 2011 年纪念中国共产党建党 90 周年、2014 年纪念中华人民共和国建国 65 周年、2015 年纪念反法西斯战争胜利 70 周年等弘扬红色主题年以来，红色旅游产品运营得非常成功，既带动了革命老区基础设施建设，又改善了农村产业结构，还有效地带动了老区人民脱贫致富。其在政治、经济、文化、团结民心、加强民族凝聚力等方面的作用，功效显著，为经济发展和社会全面进步提供了强大的精神动力和智力支持。2016 年，纪念中国共产党建党 95 周年和长征胜利 80 周年两大红色主题如火如荼地开展，红色旅游不仅取得了良好的政治效益、社会效益和经济效益，而且成为推进旅游业发展的重要增长点。

2014 年 2 月 25 日，习近平在北京市考察工作时曾说："搞历史博物展览，为的是见证历史、以史鉴今、启迪后人。要在展览的同时高度重视修史修志，让文物说话、把历史智慧告诉人们，激发我们的民族自豪感和自信心，坚定全体人民振兴中华、实现中国梦的信心和决心。"从黄金周期间全国各地很多博物馆都出现爆满的情况可以看出，到博物馆旅游，在整个红色旅游细分市场中所占的份额也越来越高。如果说博物馆是展现城市独特历史文化的重要载体的话，那么，这一切体现出来的就是博物馆的红色旅游资源价值已经越发显著。

作为博物馆界的一分子，国内大多数名人故居具有红色旅游资源价值，有着成为一个独特的旅游产品的可能。名人故居通过举办专题展览或开展专题活动等，不仅能够展现红色旅游资源的魅力，还可以通过将红色资源的发扬光大来促进名人故居自身发展。身边很多十一假期还坚守在工作岗位的同行们，都纷纷在朋友圈里刷照片、发小视频，不仅现场直播了该馆游人如织的状况，还高调宣称，该馆日参观人数再创新高。观众们参观名人故居，那里的红色旅游资源可以让人们得到精神上的洗礼，名人故居也成为凝聚和激励全国各族人民的重要力量，为经济发展和社会全面进步提供强大的精神动力。名人故居就像是一块强大的磁石，发挥着红色旅游吸引力，成为对社会各界人士进行爱国主义和革命传统教育的重要场所。

一 发掘名人故居自身红色旅游资源

旅游行业是点子行业，旅游业的竞争，归根结底是文化的竞争，是进行文化促销。伴随着旅游业的发展，近些年国内旅游产品逐渐增多，旅游线路日趋丰富，其中红色旅游产品发挥了积极作用。红色旅游产品有利于加强党员干部和广大人民群众的思想道德教育，形成正确的人生观、价值观、世界观，为广大青少年和人民群众创造良好的社会文化氛围，有利于形成公平正义、诚信友爱、团结互助、安定有序的良好社会风气，极大地满足了人们日益增长的精神文化需求，甚至可以说是国内旅游业的拳头产品。但要保持拳头产品的优势，必须不断地升级换代，不断开发新的旅游产品。

由于任何一个旅游目的地或旅游企业，都不可能满足整个旅游市场和全部旅游消费者的需要。名人故居依托自身红色旅游资源开发旅游产品，要想得到重视，莫过于依托自身的文物和文化，在旅游产品的开发和经营上多下功夫，即如何搞创新。红色旅游产品在内容上搞创新，最根本的一条就是要打造精品，设计出属于自身特色的旅游产品，这样就能通过找准市场定位，取得事半功倍的效果，甚至在旅游产品上形成一定的"垄断"，既能避免景区建设存在内容单调、特色不够鲜明甚至雷同的窘况，还能达到吸引游客、占领市场的目的。以北京李大钊故居为例，与其他宣传李大钊的纪念场馆不同之处，就是从生活角度入手，宣传其革命实践活动功绩和高尚的人格魅力，体现与其他相关李大钊的纪念馆宣传角度主打政治功绩牌的不同，展现了我们故居特有的红色旅游资源，也起到了对其他场馆宣传角度的补充，将李大钊先生的精神风范展现得更加丰满。

名人故居依托自身红色资源开发旅游产品，是发挥自身旅游功能和不断提高自身效益的捷径。红色旅游产品营销要以爱国主义教育为主攻方向，运用得好，就能迅速开拓市场，满足游客需求。名人故居在红色旅游产品的设计中，首先要注重发掘和保护有形和无形的红色资源，要加大发掘、保护历史资料的力度。例如，可以通过实地考察、采访亲历者或后人整理回忆录、文物征集、查阅文献等多种形式，对红色旅游资源进行抢救性保护。在保护的内容和措施上，不仅要重视有形的红色旅游资源和遗产，还要对红色非物质文化遗产和红色资源的衍生品进行开发整合，这样有利于做好由红色旅游资源向红色旅游产品转化的准备工作。

二 利用名人故居自身红色旅游资源

红色旅游资源的利用要紧跟新形势，摸准时代脉搏，适应新需求。只要本着坚持贴近史实、贴近群众、贴近生活的原则，注重发挥藏品的视觉冲击力、艺术渲染力、社教凝聚力，就能让观众在回味历史的可亲、可触中，身临其境地感受那动人心魄的场景，领会那段激情燃烧的红色岁月。

名人故居在黄金周、节假日游客激增的现象表明，发挥休闲旅游的功能是大可努力的一个方向，既可以更接地气地满足人们需求，也让服务广大观众更加人性化。2016年上半年周末，到北京李大钊故居参观的观众以家庭为单位的居多，究其原因，竟是《少帅》电视剧的热播产生的效应。尽管李大钊与该剧讲述内容主线仅有交集，但也着实令李大钊故居火了一把。讲解员在讲解工作中，适当结合观众的关注热点增加史料，拉近了与观众的距离，还使讲解生动化，甚至纠正了一些观众的错误知识，赢得了观众的称赞。

名人故居的工作者应该有一个共识：收藏、研究、教育是名人故居立足于博物馆界最基本的三个功能。[①] 收藏是博物馆的重要功能，陈列展览则是名人故居提供给观众的最基本、最核心的产品。以往的展览给观众印象大多是"晒家底"，利用"真家伙"引人驻足。现如今，如何采用更先进的陈列展览模式，让展陈手段更加吸引人，已成为每一个名人故居业务工作者追求的目标。例如，采纳先进的声光电甚至引入VR虚拟现实技术，可以增强红色文化的吸引力、感染力和冲击力，打造寓教于游的参观形式。形式上的创新还要与继承结合起来，衬托出爱国主义教育基地的内涵和独有的朴实。利用红色旅游资源，发挥出红色文化浓郁的吸引力和凝聚力，让人们在潜移默化中受到教育的同时，也令红色旅游乘上时代的快车。

中国的传统文化博大精深，灿烂辉煌，中国的红色文化体现了中国不同历史时期的先进文化，影响了社会发展的进程，反映了时代精神，为具有中国特色的社会主义建设提供了精神食粮。因此，名人故居利用红色旅游资源开展活动，发展红色旅游，是传播优秀文化的需要。在活动中对游客进行爱国主义教育，是利用红色资源发展红色文化、形成红色旅游应坚持的原则。对名人故居红色资源的宣扬和传承，对于传播中华民族悠久灿烂的文化、全面展示名人故居红色景点的内涵和风貌，具有积极的促进作用。所以，我们名人故居不应只作展示柜，任何展陈技术都只是手段，名人故居所承载的文化才是其真正的魅力所在。设计展品陈列的同时，要配合自身研究和教育功能，要不断发掘名人及展品的历史、艺术价值，进而提升所开发的红色旅游产品的层次。

名人故居开发的红色旅游产品要想扩大影响力，可以抓住如五一、五四、七一、八一、十一和相关历史人物的生卒纪念日等重大节庆的时间段，开展宣传教育活动，这样能够令红色资源的内容进一步迎合人们的情感需求。以来北京李大钊故居参观的观众为例，业务部为大多团体

[①] 王宏钧：《博物馆学基础》，上海古籍出版社2001年版，第45页。

观众设计的主题活动，就是将参观与入团、入党、重温入党誓词等活动结合起来，这也是目前各红色旅游景点开发利用红色文化的一项经常性举措，是对社会各界人士尤其是广大青少年进行爱国主义和革命传统教育，弘扬和培育民族精神，增强民族凝聚力的一项重要活动。

伴随着大数据时代的到来，为了更全面地服务观众，为了进一步提升服务水平，为了更有针对性地提供个性化服务，各名人故居都做过很多调查问卷，收集了不少数据。通过将观众量、观众知识层次、观众年龄分布等进行分类整理，将观众的兴趣点及观众对展陈、讲解员或场馆设备的建议进行总结，可以发现，观众对知识的渴望也是很强的。名人故居作为具有博物馆身份的红色旅游资源，在发挥休闲旅游功能的同时，通过综合分析已有数据，服务真正有需求之人，首先要关注的是那些带着目的性或问题前来参观学习的观众，为他们进行答疑解惑。北京李大钊故居为了进一步提升社会知名度，进一步拉近与观众的距离，通过加入年票组织等方式，为社会尽可能提供免费服务，效果也非常好，观众人数呈逐年上升趋势。但伴随着观众量的增加，其中也不乏抱着为了走遍年票内所有场馆，好让年票钱花得物有所值这种心理前来的观众，他们为了能一天多走几个场馆，走马观花看一圈就走，根本不认真听讲解，所以我们也大可以通过精准营销，根据收集到的此类观众兴趣点的数据进行讲解服务，既让他们满足了看一看、逛一逛的猎奇心理，也降低了我们服务成本的投入，也许讲解内容不经意间在他们有限的注意力中留下痕迹，让他们有更多的获得感，甚至还能让他们在有知识需求时成为回头客。

三　名人故居红色旅游资源如何保值增值

旅游业作为经济发展支柱产业之一，红色旅游追求经济效益，以市场兴趣为出发点本无可厚非，但旅游业到底还是一项靠知名度、美誉度和市场认知度来吸引游客的服务行业。而且，具有红色旅游资源的名人故居大多为爱国主义教育基地，所以，一定要把社会效益放在首位考虑，避免负面消息，更要杜绝利用负面消息炒作。我们要发挥利用红色资源的公益形象，并作为长远资本。尽管在打造旅游产品时，要与现实情况相结合，追求客流量等数据，同时还要珍惜自己的公益形象，把握商业化运作尺度。名人故居场地小，观众多了会令名人故居内稍显喧嚣。那我们就合理设计参观路线，让观众在闹中取静。讲解内容严格把关，野史不能登上大雅之堂，着重突出红色旅游资源鲜明的政治特色，始终坚持弘扬爱国主义精神和革命传统教育的正确方向，坚持以红色为内涵、以旅游为载体的发展规律，坚持经济效益服从社会效益的原则，确保历史的真实性，尊重历史严肃性。可以根据游客的兴趣，精心设计旅游产品，但要发挥出名人故居更利于开展爱国主义教育的优势，确保开发的红色旅游产品寓教于游。据统计，在参加红色旅游的游客中，33%的受访游客表示到红色旅游景区旅游的目的是接受爱国主义教育。[①] 在此前提下，通过精神文化输出，实现经济财富的增长，这一点决不能本末倒置，不能为了追求"卖点"夸大史实。不能为了博得眼球，胡编乱造野史外传，甚至不惜"编排"革命先烈，损毁人物形象。如此经营的红色旅游产品，只能取得暂时的经济效益，终将因为自砸红色旅游品牌饭碗而丧失爱国主义教育功能。

很多名人故居的硬件还略显滞后，展陈还存在方式陈旧、内涵不足、缺乏足够吸引力和感染力的劣势。对此，需要加强软件建设，以弥补现有硬件的不足。在讲解词的编写过程中，既要考虑对现有展线起到补充说明，还要考虑绘声绘色，满足观众的需求，这样才能让游客游览后，既掌握了相关知识，又增加了旅游的乐趣。所以，名人故居开发旅游资源时，在完善交通条件、游览条件、服务条件的前提下，还要建立

---

① 崔鹏：《五年发展成效显著　红色旅游红遍中国》，《人民日报》2009年11月30日。

起一支专业的旅游讲解队伍。

名人故居的人才培养不应是收割机,当学生毕业走出校门来到工作岗位后,脑海里的理论知识还停留在学校课堂的书本里,这是不够的。名人故居的人才培养应该是播种机,要针对自身特点,开发设计独特的员工培训计划,加强员工的馆藏知识学习,并进行考核,在不断提供员工学习培训机会的同时,鼓励工作人员自行深造,学习专业知识,并加强与同行们的交流。曾有位业内前辈开玩笑说:"一搞重大活动,名人故居的女员工就得当男员工用,男员工当牲口用。"虽然这只是个玩笑,但这就是大多名人故居的现状。因为大多名人故居由文博单位主持工作,体制内单位编制有限,员工必须身兼数职。所以,以博物馆为根基组建的服务团队,旅游接待经验相对不足。现有的讲解员由于不懂旅游心理学,讲解缺乏吸引力。要以勤补拙,不论专职还是兼职的讲解员,都要认真学习历史知识,准确把握历史事件的真实内容和英雄人物的感人事迹及道德情操,从内心树立对人物的崇敬和感怀之情,由衷维护国家利益和民族尊严,自觉提高宣传讲解的生动性,切实把握讲解内容的真实性、权威性,让讲解员以本职工作为荣,成为名人故居的形象大使。

旅游包括吃、住、行、游、购、娱。购物作为"无限"消费,在旅游产品的构成要素中可挖掘的经济效益潜力最大。因此,名人故居为了提高红色旅游的附加值,必须在旅游购物上做文章,利用红色旅游资源开发文创产品。国家文物局联合文化部及相关部门,在2015年就共同起草了《关于推动文化文物单位文化创意产品开发的若干意见》。2016年,国家文物局通报了落实该《意见》的五项措施,也明确提出,国家鼓励博物馆挖掘藏品内涵,与文化创意、旅游等产业相结合,开发衍生产品,增强博物馆的发展能力。

随着旅游业发展的深入,各旅游景点纪念品层出不穷,但也出现了每当新产品问世后,各地仿制品也随之出现的现象。红色旅游纪念品要想克服人们审美疲劳,标新立异,就要深入挖掘自身红色旅游资源所蕴含的时代精神,并与名人故居特色相结合,用符合时代特征、地方特色和旅游业发展规律的技术手段、展示手段,来发展红色旅游纪念品,让游客有购买欲望,在以后观赏时,能勾起参观时的美好回忆。

红色旅游资源蕴含着丰富的革命精神和厚重的历史文化,名人故居以红色资源为载体,以民族精神教育和道德教育为核心进行思想教育,通过思想的熏陶,在不同时期,使不同群体和阶层在参观中有不同的收获和感悟。通过开展红色旅游,让人们精神上得到洗礼。在红色旅游资源感召下,用红色主旋律教育人,激发人们追求理想,坚定信仰,对形成良好的社会风气和道德风尚发挥积极作用,让民族精神得以传承。

刘云山同志曾说:"在红色旅游中,红色是基调,文化是灵魂,旅游是载体,人们在体验中感悟崇高、升华境界,在参与中怡情养志、益德益智,一次内涵丰富的美好的红色旅游,就是一次心灵之旅、思想之旅、精神之旅,也是一次接受文明熏陶、参与文明创建的生动过程。"让我们不忘初心,继续前进,合理利用红色旅游资源,相信红色旅游之花将在中国大地绽放,名人故居必将依靠自身的红色旅游资源"烽火"再起!

作者系北京李大钊故居管理处馆员

浅谈郭沫若纪念馆在什刹海
文化景观中的作用

王 静

一 文化景观概论

学术界有关文化景观的定义较多。早在 1925 年，卡尔·苏尔（Carl O. Sauer）发表《景观形态学》（*The Morphology of Landscape*），把一个地区的景观分成自然景观和文化景观。[1] 他认为，人类进入以前的区域原始景观（the original landscape）是自然景观；文化景观则是由人改变的景观。苏尔最重要的贡献在于，用形态学方法（morphological methods）把对自然景观的分析转化为对文化景观的研究。在我国，王恩涌提出，文化景观是"居住在其土地上的人的集团，为满足某种实际需要，利用自然界所提供的材料，有意识地在自然景观之上叠加了自己所创造的景观"[2]。

在学术理论之外的实际操作领域，1962 年，联合国教科文组织（UNESCO）发表《关于保护景观和古迹之美及特色的建议书》（*Recommendation concerning the Safeguarding of Beauty and Character of Landscapes*

---

[1] Carl O. Sauer, *The Morphology of Landscape*, University of California Publications in Geography, Vol. 2, 1925, pp. 19–53.

[2] 王恩涌：《文化地理学导论》，高等教育出版社 1989 年版，第 30 页。

and Site）。在此基础上，1972 年通过了《保护世界文化和自然遗产公约》（*Convention Concerning the Protection of the World Cultural and Natural Heritage*）。1992 年，联合国教科文组织世界遗产委员会（WHC）将"文化景观"纳入《实施保护世界文化与自然遗产公约的操作指南》（*Operational Guidelines for the Protection of the World Cultural and Natural Heritage*）。

《操作指南》第47条解释道："《公约》第1条指出文化景观属于文化财产，代表着'自然与人联合的工程'。它们反映了因物质条件的限制和/或自然环境带来的机遇，在一系列社会、经济和文化因素的内外作用下，人类社会和定居地的历史沿革。"[1]《操作指南》将文化景观分为以下三种。

第一类，明确定义的人类刻意设计及创造的景观。例如出于美学原因建造的园林和公园景观。

第二类，有机演进的景观。它们产生于最初始的社会、经济、行政以及宗教需要，并通过与周围自然环境的相联系或相适应，发展到目前的形式。

第三类，关联性文化景观，以与自然因素、强烈的宗教、艺术或文化相联系为特征，而不是以文化物证为特征。

截至 2016 年，中国被《世界遗产名录》收录的文化景观有：庐山（1996）、五台山（2009）、杭州西湖（2011）、哈尼梯田（2013）[2]。其中杭州西湖最具典型性，西湖周边的文化景观，将自然与人类活动完美结合，它们是人类设计的产物，是千百年来不断演化着的人口密集的聚居地，又与文化、艺术以及宗教高度关联，涵盖了文化景观的三种定

---

[1] WHC, *Operational Guidelines for the Protection of the World Cultural and Natural Heritage*, 2015, http://whc.unesco.org/en/guidelines.

[2] 1985 年中国加入《保护世界文化与自然遗产公约》的缔约国至今，共有50 项世界遗产收入《世界遗产名录》。

义，世界遗产委员会对其评价是"在景观营造的文化传统中，西湖是对天人合一这一理想境界的最佳阐释"①。

二 什刹海文化景观

在中国的历史名城中，如西湖一般的文化景观不在少数，例如扬州的瘦西湖、武汉的东湖。首都北京虽然地处寒冷干燥的北方，城中尤有湖泊若干。而今，昆明湖身处皇家园林，北海也被辟为公园。只有什刹海与众不同，是北京市内唯一的具有开阔水面的开放街区，其特点颇类似西湖，是一处典型的中国式文化景观。

什刹海包括前海、后海与西海，水域面积33.6公顷。环绕湖泊的区域于1990年被北京市政府划入第一批共25片"历史文化保护区"，也是其中面积最大的。整区占地约323公顷。古时，这里是永定河故道遗留下来的湖泊，13世纪中叶的元代，受忽必烈之命，刘秉忠根据湖泊的面积与位置，确定了建立元大都的中轴线，后又成为京杭大运河的北方终点，周围区域逐渐繁荣起来。

700多年来，什刹海作为三代都城的内湖，经历了历史的风雨。明代，这里园林寺庙林立，景似江南；清代，又建起多座王公贵族的府邸。什刹海在历史中形成了独特的文化景观（图一）。

第一，什刹海本身即是文化景观的自然部分，湖波荡漾，荷花极盛。其周围11.5公顷的绿地四季各有不同的佳景。前海与后海的连接处——银锭桥上视野开阔，向西可以远眺北京的西山，湖水、绿柳与淡墨似的远山构成了一幅图景，使观者体会到中国山水画般的独特空间美感，因之被称为"燕京小八景"之一。

---

① 董文虎、刘冠美：《水与水工程文化》，中国水利水电出版社2015年版，第295页。

文化名人与文化景观

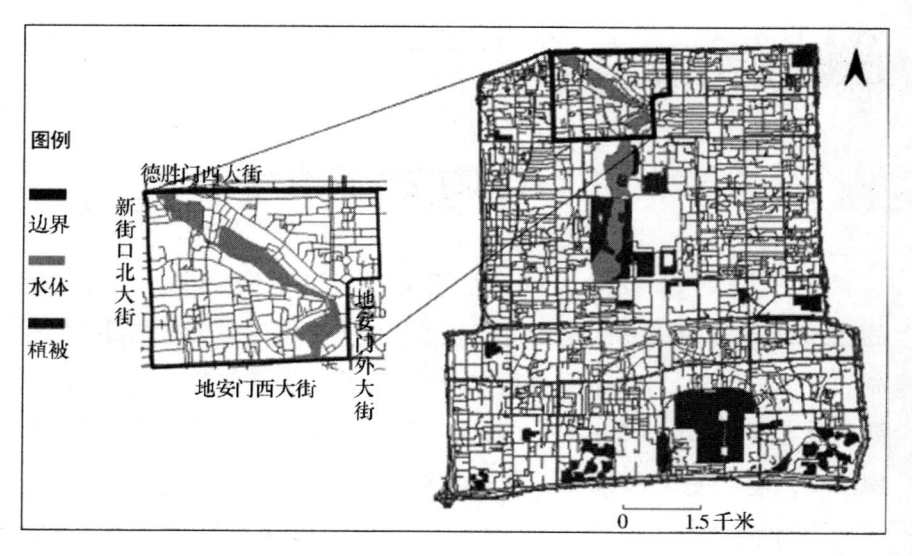

图一 什刹海地区范围及其在北京旧城中的位置（成志芬绘）①

第二，人类的活动对自然性的湖泊进行了文化性的改变，将什刹海塑造成了文化景观。如西湖一样，什刹海文化景观涵盖了文化景观的三个类型，是典型中国式文化景观的完美体现。

物质性的存留方面，什刹海地区有 37 个区级至国家级文物保护单位，其中类别有府邸、寺庙、故居等（表一）。恭王府及花园、鉴园、盛园等园林属于第一类，是"明确定义的人类刻意设计及创造的景观"的代表；名人故居、旧式铺面房等属于第二类，是"有机演进的景观"的代表；多达 18 座的寺庙宗教则属于第三类，是"关联性文化景观"。它们和整个区域中的胡同、民居等物质遗存一起构成了人类主动设计并具有持续性的文化景观。

---

① 周尚意：《发掘地方文献中的城市景观精神意向——以什刹海历史文化保护区为例》，《北京社会科学》2016 年第 1 期。

表一　　　　　　　什刹海地区文物保护单位统计表①　　　　　单位：个

	国家级	市级	区级	总计
府邸（园林）	2	4	5	11
寺庙	1	6	11	18
名人故居	3	0	1	4
其他	1	2	1	4
总计	7	12	18	37
向公众开放的	4	5	2	11

第三，什刹海文化景观还保留了中国传统、老北京的精神遗存，在对历史与名人的记忆以及各类民俗活动（庙会、老北京饮食文化）中，成为景观的文化内涵。

在以上文化景观的要素中，名人故居是一类独特的兼具物质与精神特征的文化景观，是人们持续性生活的处所，具有强烈的文化意义。一些名人故居的建筑或许具有较高的文物价值，但它们更本质的特征是谁曾经住在此处，他或她的身份、声名以及所代表的文化的、历史的意义，通常超过建筑本身的历史文化价值。以什刹海区域中的国家级文保单位宋庆龄故居为例，原为王府花园。如果没有伟大女性宋庆龄的生活痕迹，它只具有园林的属性。同在什刹海文化景观中的郭沫若故居更是如此，其院落本身是众多北京传统四合院之一，郭沫若其人提升了这处文化景观的人文内涵。

三　郭沫若纪念馆在什刹海文化景观中的作用

郭沫若纪念馆是中国现代史上著名的诗人、历史学家、古文字学家及社会活动家郭沫若的故居，它临近前海，是什刹海文化景观的重要组

---

① 文物保护单位具体情况参见附表，制表数据根据北京市文物局公布的文保单位名单统计，http：//www.bjww.gov.cn/wbsj/index.htm。

成部分。纪念馆坐落在一座20世纪初建成的四合院中，占地7000多平方米，其最早的拥有者是中药世家乐氏。新中国成立后，曾是蒙古人民共和国驻华大使馆，之后成为宋庆龄的住所。郭沫若携家人于1963年搬迁至此，度过了其人生的最后15年。1982年，这里被定为国家重点文物保护单位，1988年向公众开放（图二）。

如前文所述，郭沫若（1892—1978）本人作为文化标志，影响了这座四合院的文化景观价值。因此，我们在5个展厅中，沿着他一生的轨迹，着重展示出他年少时代努力学习新知，留学日本时文学与爱国意识觉醒，为统一中国之革命参加北伐，受到迫害流亡日本，中日战争爆发毅然回国参加抗战，反对内战争取和平以及新中国成立后承担重任，推进科教文艺事业的功绩。为了使观众身临其境，我们还保存了郭沫若及夫人生活与工作的房间的原貌。此外，我们还将郭沫若的文学、历史学、古文字研究等非凡成就融入展览，全面塑造他作为中国现代史上的文化巨人的形象。以一人之人生，展示中国之历史；以各个领域的成果，宣传名人留下的文化遗产。

1992年郭沫若故居改为纪念馆，这极大地拓展了它作为什刹海文化景观的功能。什刹海地区37个文物保护单位中，只有11处向公众开放，其中包括2座露天古桥、4处宗教场所，其余5处均为博物馆。除恭王府外，其余4处是郭守敬纪念馆、郭沫若纪念馆、宋庆龄故居、梅兰芳纪念馆，后三者均为名人故居（参见附表）。

当名人故居转型为博物馆，其开放性与互动性便为传统的文化景观增添了新内容，人们不仅能欣赏历史建筑艺术，体会自然与人工景观构成的图景，而且能够在博物馆中感受名人的文化价值，并将之延续、传承下去。

郭沫若纪念馆利用临时展厅的开放性、主动性功能，不断地推出各类主题的临时性展览。尤其利用中国郭沫若研究会所在地的优势，对郭沫若本人和中国历史、中国文学等学科进行深入研究，将最新成

图二　郭沫若纪念馆位置示意图

果应用到展览之中。

　　纪念馆还重视博物馆的互动性功能，它与什刹海地区的 6 所中小学开展"共建"合作，将展览带到学校，接受学生组团参观，或举行仪式。学生还作为志愿者，参与到博物馆的讲解中。纪念馆与当地社区共同举办了多种文化活动。例如"端午诗会"，邀请著名诗人诵诗，成为文人雅集。纪念馆与同处什刹海文化景观的宋庆龄故居、梅兰芳纪念馆以及北京其他地区的 5 所名人故居博物馆结成"八馆联盟"，举办常规性的联合展览、活动，共同加强这些名人在现代人心中的文化记忆。

　　值得一提的是，2016 年 5 月 17 日，由北京市文物局、北京博物馆学会、中共北京市西城区委宣传部共同主办的系列文化活动在郭沫若纪念馆举行。围绕 2016 年国际博物馆日"博物馆与文化景观"的主题，在郭沫若纪念馆举行了一场"行走式"的文化景观体验活动,旨在让社会各界关注和关心文化景观的保护与利用,共同推动博物馆事业的向前发展,将中华民族和全人类光辉灿烂的物质和精神遗产传承下去,并发扬光大。

如今,蓬勃兴起的旅游业为古老的什刹海文化景观带来了汹涌的人潮和经济发展。人们除了徜徉观赏湖光翠意,更想近距离地体会人类创造的文化物质与精神遗产。我们期待什刹海地区开放更多的人文景点,同时努力发挥名人故居纪念馆的独特作用,为这处文化景观带来可持续发展。

附表

什刹海地区各级文物保护单位表

序号	级别	类别	文保单位	开放	博物馆
1	国2	故居	郭沫若故居	开放	郭沫若纪念馆
2	国2	府邸及园林	恭王府及花园	开放	恭王府及花园
3	国2	故居	北京宋庆龄故居	开放	宋庆龄故居
4	国6	寺庙	关岳庙		
5	国6	府邸	醇亲王府		
6	国7	故居	梅兰芳旧居	开放	梅兰芳纪念馆
7	国7	其他建筑	辅仁大学本部旧址		
8	市3	府邸	庆王府		
9	市3	其他建筑	万宁桥(后门桥)	开放	
10	市3	寺庙	火德真君庙(火神庙)	开放	
11	市3	寺庙	护国寺金刚殿		
12	市3	寺庙	广化寺	开放	
13	市5	府邸	涛贝勒府		
14	市6	寺庙	贤良祠	开放	
15	市6	其他建筑	旧式铺面房		
16	市7	府邸	会贤堂		
17	市7	寺庙	拈花寺	开放	

续表

序号	级别	类别	文保单位	开放	博物馆
18	市8	府邸	兆惠府第遗存		
19	市8	寺庙	广福观		
20	区	寺庙（遗存）	清乾隆汇通祠诗碑	开放	北京郭守敬纪念馆
21	区	府邸	阿拉善王府		
22	区	故居	林白水故居		
23	区	寺庙	普济寺（高庙）		
24	区	寺庙	保安寺		
25	区	寺庙	天寿庵		
26	区	府邸（园林）	鉴园		
27	区	府邸（园林）	棍贝子府花园		
28	区	寺庙	净业寺		
29	区	寺庙	三官庙		
30	区	寺庙	正觉寺		
31	区	寺庙	寿明寺		
32	区	府邸	摄政王府马号		
33	区	寺庙	大藏龙华寺		
34	区	府邸（园林）	小石桥胡同24号宅（盛园）		
35	区	其他建筑	银锭桥	开放	
36	区	寺庙	双寺		
37	区	寺庙	旌勇祠		

作者系郭沫若纪念馆馆员

影像手札

我出访新西兰的收获和感想

魏　建

应新西兰路易·艾黎中文学校的邀请，2015年4月10日至17日，我随中国社会科学院的郭沫若纪念馆专家团一行，到新西兰进行文化交流，并做学术讲座。

这次活动的主要内容，是在新西兰基督城举办"郭沫若与路易·艾黎文化展"。从4月11日15时起，新西兰方面的参观者陆续来到展览会现场，其中有新中友好协会的会长和副会长、国会议员、基督城市市长、中国驻基督城领事、当地华侨组织的领导人等。16时整，"郭沫若与路易·艾黎文化展"开幕式正式开始。开幕式由新西兰路易·艾黎中文学校董事长乔治·埃尔德先生主持。开幕式在当地华侨乐手的民族音乐合奏声中正式开始。我受郭沫若纪念馆和中国郭沫若研究会的委托，在开幕式上致辞（图一）。4月12日下午，我在路易·艾黎中文学校"郭沫若与路易·艾黎文化展"会场，做了《解析中华文化生命力之谜》的专题学术讲座（图二）。

这次出访收获很大。首先，增进了我和中国专家们对路易·艾黎先生的了解，提高了我对这次活动重要性的认识。路易·艾黎先生是伟大的国际主义者，是中国人民的老朋友。他一生热爱中国，宣传中国，在中国居住了60年，与中国人民风雨同舟、患难与共，为发展中新友谊、增进各国人民对中国的了解，付出了毕生的精力。赢得了中国人民、新

文化名人与文化景观

图一　魏建在"郭沫若与路易·艾黎文化展"开幕式上讲话

图二　魏建在现场讲话

西兰人民以及众多国际友人的尊敬和爱戴。这次"郭沫若与路易·艾黎文化展"举办地,特意选在他的故乡,在他父亲曾任校长的小学——他的母校,因此,具有纪念两位大师的特别意义。

郭沫若与路易·艾黎很早就认识,他们长期交往并结下了深厚的友谊。路易·艾黎在其漫长的写作生涯中,翻译了郭沫若创作的《立在地球边上放号》《晨曲》《水牛赞》等多部诗歌作品。通过他的精美翻译,也将郭老的这些诗歌介绍给世界各地的读者。这次展览和学术文化活动意义重大。

其次,我深深地感到中国和新西兰的学术文化交流前景广阔。这次展览和学术文化交流,是深化中新两国文化交流的重要体现。中新两国虽然远隔万里,但是,浩瀚的太平洋阻断不了两国之间文化的交流和融合。此次展览和学术文化交流活动,进一步加强了双方文化领域的沟通与合作。我之所以体会到中国与新西兰的学术文化交流前景广阔,还有一个重要的原因,那就是来自新西兰华侨对祖国的热爱和关心。这次展览会的盛况超出了我的预料,尤其是我讲座时听众的热情令我难忘。听众中有位80岁的华侨魏有驹先生,他听完报告还不肯离去,向我不断询问国内的情况,还有一位华侨崔鸿,他们全家三代人(崔鸿的女儿只有6岁)一起来听我的讲座。

我更深的感受是中国正在迅速崛起。30多年前我刚上大学的时候,看到理科同学准备出国深造,心里既羡慕又遗憾,以为学中文的永无出国之日。那时的中国人恐怕都有过出国的念头。"文化大革命"噩梦初醒,终于睁开眼睛,看清了中国与发达国家的巨大差距:国内意味着贫困和落后,欧美意味着富强和先进。当时中国队赢人家一场排球,都能让举国上下兴奋好多天。这样的爱国主义情绪里,包含着深深的自卑心态。现在不同了,中国强大了,全世界都在关注中国。自2001年以来,我先后到韩国、日本、美国、新加坡、俄罗斯、匈牙利、比利时、奥地利等国出席国际学术会议或者讲学。在美国约翰·霍普金斯大学举办的

文化名人与文化景观

第一届世界郭沫若学术大会上，我还获得了杰出研究奖，并当选国际郭沫若研究会的执行会长。这次出访新西兰让我明白：不是我有什么了不起，而是中国的巨大进步让世界各国越发重视中国文化和中国学人。我们作为中国人，无比自豪！

不过，这次出访新西兰，在我不断涌起民族自豪感的同时，又产生了新的民族自卑感。例如，原来觉得在国外吃得不好，后来发现，这里吃得放心；原来看到满眼"中国制造"的产品，后来发现，我们中国产品附加值很低；原来觉得外国人对中国的研究肯定隔膜，后来发现，倒是我们自己常常身在庐山不识真面目。当人家指责我们食品不安全、环境污染、假冒伪劣产品多的时候，我自卑得无以言对。其实，单纯的自卑和自豪，都不是当今中国人面对世界的正确心态。因为，当今中国有许多比华尔街繁华的街道，也有许多难抵雨雪的棚户区；中国 GDP 总量世界排名第二，而人均 GDP 排名却在 80 名以外；中国高速铁路世界领先，但中国很多地方还在使用牛车、人力车；中国的国学和"新国学"日益得到国际学界的尊重，但也有一些中国学人的学术规范和学术诚信不断受到质疑。以上令我们自豪和自卑的两面，否定其中的任何一面，都不是真实的中国。因此，今天的中国学人既不要"言必称希腊"，也不要夜郎自大，而应在越来越多的国际学术交流中，修得曾经沧海的平常心。一惊一乍，往往是少见多怪；宠辱不惊，才属于真正的强者。

郭沫若纪念馆组织的这次活动太好了！感谢他们邀请我出访和讲学，让我在认识世界的同时，又对祖国有了更加深入的认识。

作者系山东师范大学教授、中国郭沫若研究会副会长

蓝色的记忆

张 勇

贺州巡展返京已经很长时间了,但是,我对于此次南国之行迄今仍念念不忘,特别是独有的蓝色回忆令人难以释怀,总想写些东西来纪念它。

贺州在哪里?此次参展的同行人员恐怕没有几个人之前有过耳闻,更不要说去过了。鲁迅博物馆的钱振文主任不无打趣地说道,全国知道贺州的人恐怕也不多。知道贺州的人不多,但"桂林山水甲天下"的美誉,想必绝大多数人知晓。贺州其实就与桂林毗邻,贺州的文化风情,也别有一番韵味。

飞机降落于桂林两江机场,在跑道滑行期间,扑面而来的便是层峦叠嶂的群山。因为已经有了桂林山水的心理预设,这些群山不会使来者感受到所谓"山"的震撼,但这只是序曲。由桂林到贺州还有三个小时的车程,汽车在高速公路上穿行,习惯了道路两边单调绿化带的我们,这才真的对周围的山景惊奇了。远的近的、高的矮的、胖的瘦的,有单座独立的,有几座绵延起伏的,有的像动物,有的像人形,所有山的外貌都不一样。看到这样的群山也没有关系,关键是你一直走不出山的世界,汽车好像在山的迷宫中穿行。越是这样,越会促使你不断去想象着山那边的图景,"蒹葭苍苍,白露为霜,所谓伊人,在水一方"的幻境,恐怕也是由此而来吧(图一)。

图一　广西贺州地貌

贺州的山并不是用来攀爬的,你如果想登高望远,可能会失望。这些山并不高,没有黄山的奇,也没有庐山的高,更没有泰山的文化内涵。甚至于它们根本就没有任何名字。它们更像一个个盆景,直接耸立在地面上;又像是一把把利刃直插入地,面对蓝而幽深的天空。贺州的山,上下基本是等尺寸的,因此,绕山一周,你很难找到一条合适的上山途径。贺州的山是以"群"而存在的,它们更像一个整体,缺少了哪一座,都不能构成一幅完美的画卷。面对这些,也只能感叹大自然的鬼斧神工了。

仅仅只有山肯定是单调的;没有映衬的山,也必然是突兀的。贺州的山都是在蓝色天空的笼罩下存在的,蓝色更是这幅画卷中的主色调。在记忆的深处,这样持久的蓝还是儿时的天空。田野里追逐,小溪边呆坐,映衬的背景都是蓝色的天空,即使是阴云密布时,也依然留存有蓝色的期望,蓝色在很小之时便注定了永恒的记忆。再次面对这样的蓝色时,儿时的记忆便一点一滴地被勾勒出来。"海纳百川,有容乃大;壁立千仞,无欲则刚。"(林则徐)这是生活于内陆平原的我,小时候经常困惑的一句名言。当第一次见到大海后,真的畅游在无边无际的海面时，我才感受到前句吸纳包容的意义。如今面对贺州的山形，我也突然领悟到后句中"欲"与"利"、"得"与"失"的内涵。

  本次展览安排在贺州市图书馆和贺州市博物馆进行。临近布置时，我一直在心里勾勒着这两个场地的轮廓。当车在一排民居前面停下，我放眼寻找图书馆和博物馆的踪迹时，却毫无发现，只见些散落的商户和乘凉的民众，内心中本有的高大上的现代建筑并不见踪影。随行人员告诉我们，前面丝毫不起眼的楼房就是贺州市图书馆，贺州市博物馆就与它一墙之隔。进入到图书馆的展览大厅，屋顶的老式电扇不停地转动着，昭示着这里久远的过往。

  贺州市博物馆更是狭小得令人无法与它的级别匹配在一起，可能是因为要迎接我们此次的展览，展柜内的物品都被清理干净。零星散落在角落里的一些农具，说明了贺州市的地缘位置；依墙放置的没有任何隔挡的一些古钟和石器，也昭示着贺州淳朴的民风和悠久的文化。这恐怕是我迄今见过的最小的地市级别的博物馆馆舍了。习惯了现代化设施和精密配置馆舍的我，一时还真难以抚平心理的落差（图二、图三）。

  与贺州博物馆的小而简形成鲜明对比的，就是贺州学院族群文化博物馆的专而精，它给我带来的巨大的心理冲击并不亚于之前。贺州学院族群博物馆内有500余件藏品，这些藏品主要是广西东部族群的生产工具、生活用具、宗教器具等。我因故未能实地参观，也算此次贺州之行的憾事了。但从照片来看，那生动而张扬的道教神仙、简单而实用的农具器皿、鲜艳而杂多的服饰图案、神秘而庄严的神龛祠堂，这些展品就足以将你带入一个远古而神秘的族群世界之中，去畅游文化带来的震撼了，真是"桃之夭夭，灼灼其华"。在会谈中，我无意间看到了族群博物馆馆长的手指甲中隐藏的厚厚木屑，并得知，他在晚上还要回去修补刚刚收集到的一件木器。从后来深入的交流中，我也得知，此博物馆的藏品，基本是由馆里人员从民间一件一件收集而来，并经过他们亲自修

文化名人与文化景观

补加工。从这个意义上讲,馆里的人并不仅仅是单纯的物品管理者,更是一位位匠心独运的大师,为我们留下了即将远逝文明的烙印。他们平静的言语没有浓烈的渲染,也没有更多的抱怨,处处透视着蓝色的澄净和淡然,由此也可以感知民间文化坚守的力量,这就是文化自觉的魅力和文化执着的热情吧。

图二 在贺州举办的"文化名人与民族精神"展览

图三 贺州"文化名人与民族精神"展览现场

在贺州举办的八家名人展并非是全新的材料，但是，我们面对的却是全新的观众，靠什么坚持下去呢？恐怕也就是这种蓝色的热情吧。作为博物馆人，"博"才应是我们应有的情怀，博不仅指文化藏品的丰盛，更主要的还应该是文化关怀的心胸和情怀。布展之中，我突然感觉到，能够在此处展览，应该是最好不过的选择了，远离了喧嚣的纷扰，回归到文化的本源，在各种文化的交融中，感受本真的色彩。

展览开始的日子，蓝色的天空依然灼热，虽然搭建了临时的阳棚，但大家还依然选择了直面蓝色的天空，尽情享受蓝色带给你内心的炽热。在这样蓝色天空的映照下，心里不吟诵些古代的名句，肯定是说不过去的。脱口而出的便是："心旷神怡，宠辱皆忘，把酒临风，其喜洋洋者矣。"范仲淹登岳阳楼时的矛盾心境，在此时，也许应把"登斯楼也，则有去国怀乡，忧谗畏讥，满目萧然，感极而悲者矣"的情绪抛却了。在这湛蓝天空的映照下，定会更加明晓过去与现在、永恒与瞬间的关系。

贺州的这次展览，虽然展览场地的条件相对简陋，但是，处处显示出了厚重的文化底蕴，正如山群遍布贺州一样。你可能见过依山而建的重庆，也可能见过被群山包围的大连，但是，像贺州这样在山群中的城市，足够让你感到惊奇，在城区的主干道，你抬头一看，也许就会有一座小山直耸在你的面前。文化名人的精神，真如这群山一样，厚厚地扎根在这片中华的热土之中。此时我突然有了一种感觉，文化名人除了用红色来象征外，也应该是蓝色的，因为蓝色是忠诚的，蓝色也是浪漫的，蓝色更是年轻的宣言。

从贺州回到北京已经华灯初上，一种"月出皎兮，佼人僚兮"的感受涌上心头。初夏夜晚的偶然经过，便凝结成永恒的蓝色记忆，这或许是贺州之行的最大收获吧。

作者系郭沫若纪念馆副研究员

我参加八家名人纪念馆几次巡展活动的经历

佟 刚

近现代的中国,民族救亡图存运动风起云涌,出现了许多优秀人物。北京是近现代许多历史文化名人的活动舞台,其中,鲁迅、郭沫若、李大钊、老舍、茅盾、宋庆龄、徐悲鸿、梅兰芳等人是20世纪中国社会振兴和文化进步的代表人物,他们都在北京留下了历史足迹,人民政府为了纪念他们,在北京为他们各自建立了纪念馆。纪念馆所蕴含的政治、历史、文学艺术等方面的精神财富非常丰厚,对于今天中国的文化建设具有重要的借鉴意义。

八家名人故居纪念馆中的四家,从2000年即开始合作,以"中国的20世纪"为主题进行联合展览。2005年后,发展到上述八家比较固定的规模。八馆每年由一家主持,其他七家配合,形成一个联盟,走出各自的馆门,走进区县、社区、企业和学校,为社会各界上门提供展览,举办讲座,并与社会单位合作进行文艺演出等,八馆联盟成为一座没有围墙的博物馆,其社教工作也呈现出一种新的活力。

我所在的徐悲鸿纪念馆,收藏有徐悲鸿先生一生创作的国画、油画、素描精品1200余幅,这些藏品展示着徐悲鸿先生为中国美术事业所做的开拓性贡献。同时,我馆还收藏着唐宋以来的绘画精品和近现代欧洲绘画精品1000余幅以及大量的美术图片资料。将这些馆藏文物介绍给没能到博物馆参观的社会公众，是我们社教工作人员想方设法要开展的工作内容之一。

八家名人故居纪念馆巡展活动经过八馆的精心设计和组织。每次的巡展活动，主要由展板展陈和专题讲座两部分组成。利用展板进行展览，配合讲解，使各地观众不用去北京，就能参观北京八位名人纪念馆。专题讲座，更使观众能深入了解文化名人在20世纪中国命运大变革时期做出的历史贡献。巡展所到之处，受到当地政府、高校和媒体的重视，被看作当地的一件文化盛事。

几年来，我先后随同八家名人纪念馆联盟，赴山东、江苏、湖北、四川、新疆等地进行巡展，并在山东济宁学院、南京东南大学、武汉华中农业大学、重庆西南大学等高等院校举办专题讲座，宣传徐悲鸿的艺术和他的爱国主义情怀。

在各地的以展板展陈方式进行的展览中，我担任现场讲解工作。每次展览都会涌来大批观众，由于场地所限，各家名人纪念馆的展板前，就会被围得水泄不通。大家边参观，边会发出一些议论和提出一些问题，表现出观众们对八位文化名人的熟悉和热情。

我的第一次讲座是2012年5月在济宁学院，讲座名为《徐悲鸿的国画欣赏》。学院组织了三百多名同学来听讲座。我通过投影仪，向同学们介绍了徐悲鸿的绘画创作历程，跟同学们分享了徐悲鸿的国画艺术。我向同学们展示了徐悲鸿的一些代表作品，主要是国画，也有一些油画和素描。因为徐悲鸿的绘画艺术是一个整体，虽然以国画为主，但其他方面也都要给大家介绍。看到台下同学们聚精会神的神情，我感到同学们对徐悲鸿的美术创作和美术贡献有着极大的兴趣。特别是当我通过一张张图片，展示徐悲鸿的国画、油画和素描作品时，台下不时发出惊叹的声音。讲座结束后，学院负责人点评说，同学们不知道徐悲鸿先生除了马画得好，其他的画也画得这么好。这次讲座让同学们懂得了怎么欣赏徐悲鸿的绘画，大开了眼界。

第二次讲座是在南京东南大学。徐悲鸿生前在南京生活多年，是除了北京以外，他的另一个重要的生活和创作、教学的地方。东南大学的领导对民国期间徐悲鸿在南京的一些情况都很熟悉，甫一见面，就对我谈到一些徐悲鸿南京生活中的故事，使我感到很亲切。面对来听讲座的东南大学艺术学院的数百名同学，我给他们提供了一场一个半小时，题为《徐悲鸿的美术创新》的专题讲座。讲座期间，从始至终，台下都很安静，同学们对我讲述的徐悲鸿的生平和作品，也都表现出了极高的关注。讲座结束后，由于是艺术学院，多位同学围绕徐悲鸿美术，向我提出了一些专业问题。有一位博士研究生提问说，曾有学者著述，徐悲鸿收藏的一幅五代时期大画家董源的作品《溪岸图》，极有可能是徐悲鸿的好友、绘画大师张大千仿造的，问我对这件事怎么看。我也知道这件事，并对整个事件做过一些研究。所以我告诉这位同学，《溪岸图》是一幅元代以前的艺术水准很高的古代绘画，虽然不一定是董源所做，但张大千仿造说完全是不实之词。徐悲鸿和张大千二人围绕《溪岸图》发生的故事，见证了徐悲鸿和张大千两位绘画大师不同的艺术理念和艺术追求。我的解答得到了这位同学的认可。这次讲座也取得了令人满意的结果。

之后，我在武汉、重庆的两次讲座，也都得到了老师和同学们的积极参与。尤其2016年在重庆的讲座，讲座结束后，听讲座的美术专业的同学们，轮番向我提问半个多小时，内容五花八门，包括徐悲鸿的绘画创作细节、写实绘画与抽象绘画、传统美术与现代美术的衔接等问题。看得出来，同学们对于20世纪以来中国美术的变革与发展，进行了深入的思考。最后由于带队老师喊停，同学们才意犹未尽地离开举办讲座的大教室。艺术学院的老师说，我与同学们这样的互动，取得了举办讲座最好的效果，欢迎八家名人纪念馆再来重庆办巡展、做讲座。

通过参加八家名人故居纪念馆联盟的巡展活动，我感受到，名人纪念馆联手打造文化品牌，走出博物馆，上门为社会公众提供专题展览和专题讲座，是博物馆人在新形势下开展社教工作的一个新的模式，这种方式有利于博物馆弘扬文物所承载的优秀文化，从而有利于更好地加强当前的精神文明建设。十几年的实践证明，八馆联盟这一文化品牌广受各界欢迎。所以，八家名人故居纪念馆联合活动是一个好的社教工作方式，今后应该总结经验，继续完善，使文化名人所代表的先进文化和爱国主义精神能够更加贴近民众，感染民众。

作者系徐悲鸿纪念馆馆员

远赴东瀛　共话友情
——漫谈日本"郭沫若与田汉"展

徐　萌

2016年8月25日，为纪念郭沫若、田汉两位文化名人对中日文化做出的重要贡献，在日本东京法政大学举办"百年来越境的现代中国文学——纪念郭沫若、田汉留日一百周年"国际学术研讨会。"郭沫若与田汉展"在讨论会会场展出，这次海外巡展以郭沫若与田汉的留学经历和人生轨迹为中心，展出了众多历史图片及说明，展示出两位文化名人对中国现代文化做出的巨大贡献以及二人结下的深厚友谊。

这是我第一次来到日本东京。东京是一座充满活力和时代感的城市，东京还是一座井然有序的城市，密密麻麻的街道，让你可以自由地在高耸的写字楼与商业大厦间穿行。对东京的了解，可能来自宫崎骏的动画，或是黑泽明执导的电影。而我对东京的了解，还来自郭沫若笔下的描写。他曾回忆：在东京开始了我一生之中最勤勉的一段时期。郭沫若一生中，先有1914年到1923年的留学生活，后有1928年至1937年的流亡生涯，近二十年是在日本度过的，日本对他有着太深的影响。田汉也曾留学日本，在戏剧创作方面受到日本新剧的影响。

这次我们带着"郭沫若与田汉展"，来到二人生活、学习过的地方。一直以来有诸多学者对二人进行研究，但同时介绍两人的展览却是第一次。1919年两人相识，惺惺相惜，以歌德、席勒期许。两人建立了长达半个世纪的友谊。二人的人生轨迹有太多的交集，所以设计这次展览，可使用的资料是相当充实的，从中选取精华，集中展现展览主题也是十分必要的。纵观两人半个世纪的友情，"相识""相知""相携"是他们友谊永恒的主题，也是我们此次展览着重所凸显的主题。

一　相识于文学

展览的第一部分介绍了两个人的相识。1913 年底，郭沫若赴日留学。田汉 1916 年考入日本东京高等师范学校。两位留日青年的相识，却是因为一个人的介绍。1919—1920 年，郭沫若写下了几十首新诗，这是他诗歌创作的爆发期。其诗作多发表于《时事学报·学灯》，因此结识了《时事学报·学灯》的编辑宗白华。宗白华非常欣赏郭沫若的新诗，他们由此开始了频繁的书信往来。1920 年 2 月中旬的一天，郭沫若在收到宗白华信的同时，还收到一封田汉的来信。田汉是宗白华介绍给郭沫若的新朋友，宗白华祝愿他们"携手做东方未来的诗人"①。

这以后，三个人开始频繁的书信往来。1920 年 5 月，三个人的通信集《三叶集》出版。田汉在序言中写道：我于今发起把这些信，都为一集，发表出来，题曰 Kleeblatt……Kleeblatt……系一种三叶蓐生的植物，普通用为三人友情的结合之象征。我们三人的友情便由这部 Kleeblatt 结合了。②

"郭沫若与田汉展"使用了两张照片及文字说明来表现两个人的相识，一是两个人的"介绍人"宗白华，二是三个人的书信集《三叶集》。宗白华是二人友谊最初也是最重要的见证人，而《三叶集》是郭

---

①　宗白华：《宗白华致郭沫若》，《三叶集》，载《郭沫若全集·文学编 15 卷》，人民出版社 1990 年版，第 11 页。

②　田汉：《田汉序》，《三叶集》，载《郭沫若全集·文学编 15 卷》，人民出版社 1990 年版，第 3 页。

沫若与田汉友谊的象征。这次展览用一个人、一本书概述了两个人的相识，让观众了解到二人的相识过程，也让观众感受到，两人的友谊可以长达半个世纪，是源于两人最初的志同道合。在讨论会期间，参会的专家学者们还专程来到了千叶县市川市的郭沫若旧居，他在这里研究中国古代历史，研究古文字，成为中国马克思主义史学派的创立者。走在郭老曾经散步的街道，坐在他曾经写作的桌案，感受他一生所取得的辉煌与成就……

二　相知于战火

　　展览的第二部分为"相知"。1937年"七七事变"爆发之后，郭沫若只身回到祖国，8月在上海创办了《救亡日报》。田汉则于1938年1月在长沙创办了《抗战日报》，在《代发刊词》中声明，与《救亡日报》是"姐妹刊"。

　　本展览也展出了这两份报纸的图片。《救亡日报》《抗战日报》都是积极宣传抗战救亡运动，为抗日民族统一战线和抗日战争的最后胜利贡献出了力量。1938年4月1日，国民党军事委员会政治部第三厅成立，周恩来为政治部副主任，郭沫若担任第三厅厅长的职务，田汉担任第六处处长，主管艺术宣传工作。

　　第三厅成立后，举办了扩大宣传周，每日用一种宣传方式，例如戏剧日、美术日、歌咏日。在抗战爆发一周年时，第三厅主持举办了"七七"纪念活动，之后又组织了规模宏大的"献金"活动。第三厅除了组织这些活动，还成立了"慰劳总会"和"战地文化服务处"，给前线的战士们送去大量书籍报纸，"加强了把精神食粮运输到前线的工作"[①]。所属的九个抗敌演剧队、四个抗敌宣传队，常年巡回在各战区。

[①] 《郭沫若全集·文学编14卷》，人民出版社1990年版，第108页。

第三厅还训练了四个电影放映队,并组织孩子剧团在后方进行流动抗战宣传演出。这些抗日宣传活动,极大地鼓舞了军民的斗志。

"郭沫若与田汉展"以图文的形式介绍了第三厅,使观众可以深入了解这段历史,在抗战全面爆发、中国人民面临生死存亡的时刻,郭沫若、田汉两位文化名人,以他们自己的方式投身到了抗日救亡运动中,贡献出自己全部的力量。抗战期间,两个人的友谊进一步升华。

三 相携于建设

1949年10月1日,新中国成立,郭沫若被任命中央人民政府政务院副总理、文化教育委员会主任、中国科学院院长、全国文联主席、全国人大常务委员会副委员长等职。田汉在新中国成立后,担任中央人民政府政务院文化教育委员会委员、文化部戏剧改进局局长、全国文联副主席等职。由他创作歌词的《义勇军进行曲》,成为中华人民共和国国歌。展览的第三部分题目为"相携",主要介绍两人携手参与到新中国的科学文化教育事业管理工作中。展览还展出了郭沫若的任命书、田汉创作国歌的图片,让观众深刻感受到两位文化名人在新中国成立后的重要地位和为祖国做出的突出贡献。

1958年,为纪念中国元杂剧奠基人关汉卿创作700周年,田汉写下了大型话剧《关汉卿》。郭沫若看后给予很高的评价,他赞美剧本"写得很成功。关汉卿有知,他一定会感激您"。并说田汉"你今年六十,《关汉卿》是很好的自寿"[①]。

1959年2月,郭沫若仅仅用了7天时间,写下了五幕历史剧《蔡文姬》。北京人民艺术剧院也准备排演这出历史剧,作为向国庆十周年献礼的节目。在排演过程中,大家认为该剧的主人公是蔡文姬,对曹操

---

① 田汉:《关于〈关汉卿〉的通信》,《剧本》1958年第6期。

的颂扬之词不宜过多，建议修改。郭沫若觉得很有道理，但因要参加世界和平理事会特别会议，就把修改一事交给人艺的同志们处理。人艺特别找到田汉修改。后来郭沫若看了修改后的诗句，写信给人艺说："寿昌改得好，不仅更富有诗意，而且和全剧情调更合拍。"他把改过的诗句稍作调整，并将诗的题目改为《重睹芳华》①。

"郭沫若与田汉展"在"相携"部分，展示了《关汉卿》《蔡文姬》两部历史剧的剧照，还有《关汉卿》书影和《蔡文姬》剧本校订稿。参观此次展览的是中国现代文学学者以及日本法政大学等高校师生，大家都比较熟悉郭沫若与田汉，但是对于二人的创作背后的故事，大多数学者和高校师生并不了解。两部大家熟知的历史剧，让观众了解到二人创作的故事，生动地表现出，两个人的友谊是他们青春时代友谊的继续与发展。

郭沫若与田汉是中国现代文学史上两颗耀眼的巨星，二人在诗歌、文学、戏剧等方面都有巨大的贡献，"郭沫若与田汉展"海外巡展以翔实的史料为基础，精选最具代表性的图片和文字说明作为展览内容。展览突出了主题，引起了来自中国、日本、美国、法国等国家的40余名中国现代文学研究者以及日本法政大学等高校师生的关注，也赢得了观众和学者们的一致好评。

作者系郭沫若纪念馆助理馆员

---

① 欧阳山尊：《从〈贺圣朝〉到〈重睹芳华〉》，《文汇报》1959年5月24日。

贺州巡展有感

徐福山

古镇幽幽寄情思,龙榕探爪姚江奇。
千年人文道不尽,欲解乡愁留有迹(图一)。

2016 年 6 月

作者系中国艺术研究院文学与艺术创作研究院副院长

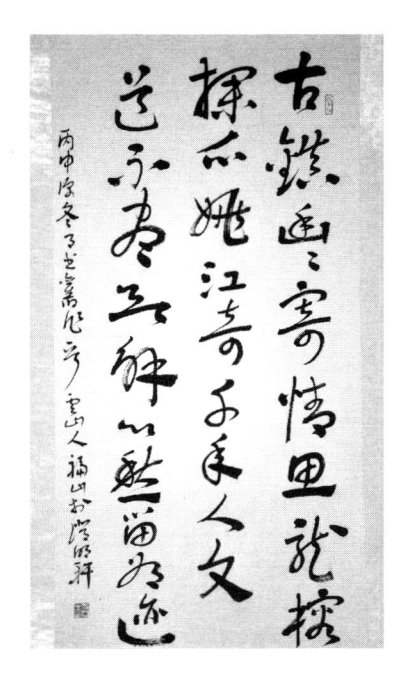

图一 徐福山书法作品

走进故居

李大钊故居印象

李建生

北京李大钊故居是李大钊烈士事迹的展陈文博单位之一，自2007年建成开展以来，它为传承中国共产党人红色初心和以李大钊烈士为代表的中共早期党员、中国进步知识分子的革命精神——李大钊精神，做了大量的工作，成为一个不可多得的爱国主义教育和革命传统教育的基地。

2006年夏天，李大钊故居开始建设，我和我父亲等李大钊亲属来到施工现场，参加开工仪式。那是我头一次来到祖父居住过的旧址，尽管院子里的居民已经搬迁完毕，现场也清理出来，旧址仍然显得十分破败。古建工程队称，几乎所有的建筑都要修复，工作量甚至比重建还大，原因是这个很小的院落却住了几十户居民，院内搭满了十分简陋的地震棚，中间狭窄的通道只能容一个人侧身而过。从中也可以看到，市、区政府和文物部门为李大钊故居的恢复做了大量的工作，投入了不少经费。

2007年的春天，北京李大钊故居修缮完工，同时也完成了故居和纪念室李大钊事迹的展陈工作。在李大钊烈士就义80年纪念日，李大钊故居举行了隆重的开展仪式，从此，北京市又一个重点文物保护单位、革命传统和爱国主义教育基地正式诞生了。开幕式那天，我父亲来到他居住过的老屋，感到很亲切，尽管当时年幼，脑子里没有留下什么印象，他还是尽可能地想找回一些东西。我大姑李星华的丈夫贾芝老先生当时已经是 90 多岁的高龄，患有老年痴呆症，但是到了故居，也激动得流下眼泪，嘴里还不断地哼着延安时期的革命歌曲。

北京李大钊故居的建设，得到了李大钊家属们的全力配合。例如为了充实李大钊事迹中"雨中学歌"的内容，我父亲在故居的院子里重唱了由祖父教给我大伯和姑姑，之后又从他们那里学会的苏联的《少年先锋队队歌》。我大姑的子女们为了丰富展陈的内容，提供了李星华从年轻到老年的珍贵照片等。

李大钊故乡河北省乐亭县李大钊纪念馆，也对北京李大钊故居的展陈全力支持。现在故居展陈的家具中，有不少是在李大钊研究人员指导下，由乐亭的木匠在乐亭李大钊纪念馆里制作的，这使得故居展陈进一步向历史还原。

北京有不少名人故居，其中有些占地面积大，甚至如园林一般，显得富贵。当然，这些名人的影响力非同小可，文物价值也极高。相对而言，北京李大钊故居就是另外的格局，一是狭小，二是简陋。不过，依我看来，这个特色倒是反映了李大钊烈士的高尚的精神，更是代表了中国共产党人的初心和本色。550 平方米的小院，"三级跳坑"的倒座的三合院，没有华丽昂贵的家具，只有两棵茂盛的海棠树。如此简朴之地，居然是伟人传播真理、创建中国共产党、领导中国北方革命运动及同孙中山开展国共合作之处，是中国共产党早期革命活动的主要场所，表明共产党人就是扎根于普通百姓之中。所以，以小看大，简朴出精神，这是李大钊故居的特色，也是故居无比珍贵的内涵。

如果参观者留意，在李大钊故居简陋的大门外围墙上，挂有众多的金色标牌，说明这里是革命传统和爱国主义教育基地。这足以证明，小小的院落在伟人居住的不到四年的时间里，为中华民族的解放事业奠定了思想和组织基础，仅此一点，其影响和作用就是不可估量的。

  名人故居的作用除了文明的历史沉淀外，更重要的是将其精神和思想内涵中的正能量进行与时俱进的传播。李大钊故居也是一个爱国主义、共产主义思想的重要的传播基地。在故居纪念馆的邀请和组织下，我参加了不少传播李大钊事迹的活动，主要是对青少年宣讲李大钊烈士事迹。通过这些活动，在校的大中小学同学甚至是在监狱改造的少年服刑人员，在一定程度上开阔了视野，受到了教育。所以，故居在传播和弘扬李大钊精神方面做得是很出色。

  李大钊故居的展室对李大钊烈士的一生和贡献有一个简单的介绍，这就加深了观众对小院各屋展陈的理解。不过总体上看，要想更深入地传播李大钊事迹和精神，还可以拓展一些内容，比如在西厢房增加当时李大钊传播马克思主义以及中共北方区委的宣传品，例如，他给毛泽东推荐的《共产党宣言》等三本书。

  笔者认为，北京李大钊故居是北京相关李大钊纪念地中的佼佼者，不过，在实际活动中也存在一些困难。就故居而言，场地狭小是突出问题。受李大钊影响参加斗争的革命烈士有不少，像邓中夏、张太雷等；还有不少中共的早期党员。由于空间限制，无法完整展示这些人和相关活动。此外，横向交流与文物发掘也有困难。李大钊参加过共产国际五大，俄罗斯那里应该有些档案资料，其他单位去查阅时收获颇丰。由于国民党党史馆展示过国共合作时期李大钊的书法原件，所以，台湾的国民党党史馆也会有当时的一些档案资料。如果能收集到这类资料，就会在文物收藏方面加大故居文博力度。

  北京市的李大钊事迹展陈单位还有李大钊烈士陵园，同样，这些单位也存在着场地狭小、内容分散等问题。例如在李大钊烈士陵园展陈的1933年制作、1983年在李大钊棺木下出土的中共河北省地下组织纪念李大钊烈士的纪念碑，虽然在陵园内得到了妥善周到的保管，但据讲解员说，这个碑还没有申请文物保护。

鉴于此种困难，借着表达对故居印象的机会，笔者建议，相关部门能否尝试对李大钊烈士相关展陈设施实行统一管理，或者直接设立市管的北京李大钊纪念馆。

祝愿北京李大钊故居越办越好。

作者系中国化工轻工物资流通协会原副会长

鲁博访学记

姬学友

我在 2014 年出版的《从外围接近鲁迅》一书的后记中写道:"这本书的整理和成形,得益于去年我在北京鲁迅博物馆访学。现在想来,我和鲁博相遇,的确是偶然中的必然,其中内含着一种万事由缘的思维方式和潜移默化的鲁迅情结。"

2004 年我在北京师范大学文学院读博士时,选择以著名鲁迅研究专家、北京鲁迅博物馆老馆长李何林作为博士论文的题目,得到导师刘勇教授的高度认可。在他的推荐下,我到北京鲁迅博物馆(下文简称"鲁博")采访孙郁老师、王得后老师,并结识了黄乔生老师。

我是在鲁博书屋买书时,同时见到孙郁和黄乔生两位老师的。时间是 2006 年 3 月 16 日上午。那是我第一次见到黄老师,此前曾拜读过他的《周氏三兄弟》和《鲁迅与胡风》。孙郁老师以他一贯的热心对黄老师介绍说,这是北师大博士生,写李何林。黄老师关切地问,见过李豫了吗?我说没有。黄老师随手写下了李先生的电话,并说可以拜访一下,他很欢迎去的。接着黄老师告诉我,李豫的材料有不少放在他们那儿,可以用。第二次见到黄老师,是 2006 年 6 月 21 日下午,在鲁博会议室采访王得后老师的时候。期间黄老师进来,王老师请他给我找了一份尚未出版的《李何林全集补遗》目录手稿复印件。这份复印件帮了我的大忙,据此,我得以及时调整了论文后半部分的写作思路。我没有记日记的习惯，但因为事关博士论文写作，又得到三位著名学者的关心和鼓励，所以特意记下了当时的情景，连同具体的日期。转眼十年过去了，今天翻检出来，当时的情景仍然历历在目。

博士毕业之后，所在单位按照政策为我设立校级研究所，并征求名字。我鼓足勇气报了个"鲁迅与中国文化研究所"。按我的私心，直接以鲁迅命名更痛快彻底些，也更符合我的本意。但一则从未真正研究过鲁迅，自感不配；再则，许多年来，在某些阔人、达人、闲人的心目中，鲁迅就是捣乱不听话的代名词，必欲去之而后快。我当时已届不惑，有了一点中年人的世故，所以不敢忘乎所以。为了缓冲，还是在"鲁迅"之后加上了"中国文化"四个字，多多少少跟当下社会的文化主流沾点边。想象中，这四个字虽当不得挡箭牌，做不了保护伞，总可以减少一点"无物之阵"的缠绕吧。

当然，这个名字也不全是虚头巴脑、不着边际的。有时候，名字本身是一种无形的暗示。既然一本正经地起了这么个名字，不象征性地拿出一点实际的东西，心里总是不够踏实。而要真正拿出些实际的东西，谈何容易。博士论文，经过两三年的开掘，让我消费得差不多了；供职的单位，远离学术前沿，坐井难以观天；个人的规划，方向模糊，动力严重不足。我本是一个生性散漫的人，这几年拜领导所赐，很过了一把单位个体户式的瘾，有闲，无事，没人管，自在清净，几近三闲。按说，如此充裕的时间，是能够干活、出活的。但我总觉得，一个良好的学术平台和环境要比充裕的时间重要得多，所以既无心干活，也难以出活。不知不觉，生命就在这样的心不在焉、得过且过中耗过去了。有时候我意识到这是一种荒废，会生出些许莫名的惶恐和不安，只是惶恐和不安过后，照例因循，无力也无从改变。

接下来，我参加了两次对我来说非常提振士气的学术会议，主办者都是北京鲁迅博物馆。第一次是2009年12月中旬"胡风与鲁迅的精神传统"学术研讨会，我提交了论文《永恒的精神纽带——李何林和胡风关系中的鲁迅因子》，并作大会发言，得到评议人黄乔生老师的好评，称是一篇很好的论文。第二次是2010年11月"鲁迅的艺术世界"学术研讨会，我赶写了《论鲁迅书风》，并作了会议发言，受到与会专家的好评。两次会议，都得到了黄乔生老师关照；两篇文章，均被黄老师推荐到《鲁迅研究月刊》发表。有了这样的前缘，当去中国人民大学访学的计划阴差阳错未能实现时，到北京鲁迅博物馆求教的想法就在情理之中了。当我带着几分冒昧，打电话给黄乔生老师说明原委时，黄老师极为爽快地答应了。

　　后来才知道，黄老师不仅是我的学长，而且是上下届，这不是高攀，而是实情。强调这一点，丝毫没有僭越师生关系的意思，只是想说明，作为同龄人的黄老师，尽管是著名的鲁迅研究专家和鲁博负责业务的副馆长，但平易随和，完全没有那种师道尊严式的讲究。即使在我向他请教时，他也是以一种平等探讨的态度和近乎聊天的方式释疑解惑。不仅如此，对于交给我的事情，无论任务多急、多重，黄老师似乎总是很信任，从不催促，从不规定期限，颇有点无为而治或革命靠自觉的意思。也许是环境宜人，也许有高人指点，总之，在这一年里，我感到心情舒畅，如鱼得水，所做的事情比过去几年加起来都要多。每一次走进这座绿树环绕、安静清雅的院落，就会发自内心地感到亲切和养眼，就会不由自主地产生干活、出活的自觉和自愿。所以，一年的大部分时间里，只要不是假期，没有外出，我是每天必到，很多时候，双休日也不例外。时间长了，黄老师，还有我熟识的馆内其他老师，俨然视我为同事，很多活动找我参与，和我交流。我也深知机会来之不易，非常珍惜这种一起研究课题、互相讨论切磋的缘分，用心体味每一天每一次穿过悠长的小巷去打开水、去吃中饭的感觉，用心体味每一天每一次走进二楼的办公室，看窗外花开花落却两耳不闻窗外事的那份淡定和悠闲。一年来，那座院落，那座小楼，似乎成了我诗意地栖居的自由园地，或许，还会成为我今后平淡人生中的一个精神高地。

北京多雾霾，非鲁博少丽日；出入虽拥挤，乃百姓寻常事。对我来说，身为布衣学者，没有香车，缺少高朋，不会经营，都不是什么大不了的事情。但是，如果没有这一次难忘的访学经历和人生体验，怎么说都是一个缺憾。

清点一年来的事功，颇多收益。比如，在如期完成了既定访学任务之余，作为以黄乔生教授为首席专家的国家社科基金重大项目"《鲁迅手稿全集》文献整理与研究"的团队成员，我负责鲁迅手稿的美学价值部分的研究；作为主要成员，我参与海内外第一部《台静农全集》（共11卷）的编辑工作；应邀参加了一些高端学术会议，并作大会交流发言；我还有时间、有条件从容地沉下心来，冷静思考，从盲目到清晰，从零碎到系统，逐步明确了今后一段时间学术研究要走的路或者说主攻方向："鲁迅研究"和"中国现代作家书风研究"。对我来说，这两个主攻方向的分量也许过于庞大，庞大到远远超出了自己的学力和精力。但是，一想到从此有了可以为之不懈前行的研究目标，而这个目标又是自己一直以来的兴趣所在，就有一种难以名状的兴奋感和使命感，有一种找到组织的安慰感和归宿感。

再有，就是上面提到的这本《从外围接近鲁迅》了。将自己以往所写的为数不多的与鲁迅有关的文字归拢并串联起来，作为过去岁月微不足道的文字工作的一个见证，算是了却了我的一个多年未结的心愿。我的本意是，自己一向站在学界边上，无意也无力真正深入到鲁迅本体去研究鲁迅，但所写内容，客观上或多或少和鲁迅有点联系，算是从外围逐步接近鲁迅吧。至于如何接近，能不能接近，心中并无定数。

刘若琴老师（七月派著名诗人绿原的女儿）的一份邮件，强化了我的"接近"意识。访学期间，我参加了"纪念胡风诞辰110周年学术研讨会"。会后，意外收到刘老师一份邮件，说"胡风会上你的发言只有几分钟，全文可否发来拜读拜读？"我当时只有提纲，并无全文，半个月后，才将全文和其他几篇文章传至刘老师邮箱。不久即收到回复。信中说："你写文章十分注重历史资料，用材料说话，因此言之有理，不像某类学者喜欢凭主观情绪或一孔之见下笔；你有独立的见解，不喜跟风；你的研究不零碎，看得出有一个主导中心，即鲁迅精神。这些都是真学者的作风和做法。"我和刘老师没有交往，在她，这段话可能是鼓励；对我，显然是过誉了，尤其是"注重历史资料，用材料说话"一句。因为我在硕士阶段受教于著名的新文学史料学专家朱金顺教授，深知这句话的分量。至于"你的研究不零碎，看得出有一个主导中心，即鲁迅精神"一句，却道出了我"从外围接近鲁迅"的潜在动机。

访学快要结束时，我把出书的想法告诉了黄老师，请他作序并审核稿件。黄老师看后对我说，你主要写的是和鲁迅有关的人物，应该围绕人物，编排全书顺序。真是一语惊醒梦中人。此前，我所说的"外围"主要指状态：一指所写文字属于兴之所至，事先并无系统的构思和具体的规划；二指自己还处于在鲁迅外围，敲敲边鼓，谈不上专业研究的自发状态。黄老师的话，让我不期然地意识到，我所说的"外围"主要在选题，在立意，即所写内容大多围绕着鲁迅、鲁迅的学生、鲁迅的拥戴者和鲁迅的对立面而展开。这样的点拨和提醒，无疑是肯定了我"从外围接近鲁迅"所有的那么一点自觉性和系统性，使我茅塞顿开。

这本书出版之后，连带着让我有意想不到的收获。它得到了国内两种权威性的专业核心期刊以序言和书评的形式所做的推介，获得了2014年度河南省社会科学优秀成果三等奖，成为我入选河南省高校哲学社会科学优秀学者的重要条件之一。在鲁博一年，收获当然不止这些，容我再举一例。

为了表达对鲁博的感念之情，2013年11月6日到11月12日，在黄乔生老师以及鲁博其他领导、老师的宽容和支持下，我不计工拙，在北京鲁迅博物馆举办了平生第一次个人书法展览，名曰"致敬鲁迅——姬学友书法汇报展"。展览开幕那天，天朗气清，惠风和畅；群贤毕至，少长咸集。我本一介书生，不敢亵渎书圣。不过，若论一己之体验，那一刻，那种情景，至少在我个人有限的阅历中，其意义，其兴味，是抵得上永和九年的那个兰亭的。至今，我仍然记得鲁博领导在开幕致辞时所说的话，希望我"在研修结束之后，能把鲁博当成自己的家，常回来看看，常回来交流。"他说到了我的心坎上。是的，鲁博就是我的家，就是我的组织，就是让我常常回来充电、回来加油的学术和精神家园。

我想，既然结下了这份情缘，就不会轻易中断；既然找到了组织，就不会轻言脱离。因为这个组织的领军人物——鲁迅，是中华民族新文化的方向和希望，其丰富深厚的文化和精神资源，不靠权势，不靠金钱，而是靠着作品的魅力、思想的热力、人格的伟力和人性的亲和力，韧性穿越，永远也取之不尽，用之不竭！

原载《博览群书》2016年第10期，作者系安阳师范学院教授

白果树下的院子

刘 奎

"这儿以前住着一个大作家,坐好了您呐!"一辆三轮车从身边倏然而过,师傅的话也传入我耳中。很快就看到了街上的影壁,没想到这么快就到了,抬头一看,没错,大门上悬挂的匾额题着"郭沫若故居",正楷,不凝滞,显得遒劲,而略带飘逸,原来是邓颖超先生的手笔。周恩来夫妇与郭沫若北伐前就是战友,故旧题识,颇为相宜。

故居的正门离前海西街南口不远,路口停着一溜儿三轮车,车夫都着黄衫,扎裤管,不经意间让人以为误入了骆驼祥子的世界。他们揽客的对象,主要是那些想体验东方情调的外国游客,常去的地方则是恭王府或者后海,这里只是个起点,要不是街中间那块巨大的影壁,掩映在槐树丛间的郭沫若故居很容易被忽略。

从朱红色的大门进去,迎面是一座小山丘,上面满是稀稀疏疏的树林,喧嚣便被挡在了外面。庭院里的树则更为高大,但毕竟已是深秋,树叶都落尽了,只剩下粗硬的枝干,如硬笔书画,映在天空的蓝底上。几个红透了的柿子,却又从东北角透出来,让人觉得这到底还是幅水墨,想到郭沫若与国画家傅抱石的交游,这种玄想似乎也不为过。

故居的主体是园子北边一栋完整的四合院,两进的院子,坐北朝南。门楣上也有题识,是成仿吾的字,成仿吾与郭沫若的渊源更深。留日时期,郭沫若倡议成立文学社团时,成仿吾与郁达夫都是主要支持者。后来创造社成立，郭沫若以极富时代色彩的新诗引起文坛轰动，《女神》也成为五四时期新诗的标志性作品。郁达夫以自叙传小说获得读者青睐；成仿吾则以批评见长，曾被称为创造社的"三板斧"。但这里的题字较为朴拙，看来壮士暮年与少时轻狂究竟不同。

院内颇为清静，时有鸟鸣。建筑则白墙灰瓦，朱漆柱廊，因有回廊环绕，故布局较普通四合院紧凑。正房是会客厅，桌椅依旧，让人想象着郭沫若与外宾谈笑的身影。客厅东接郭沫若的办公室，书柜依西墙而立，南面靠窗是书桌。或许就在这南窗下，郭沫若写成了《李白与杜甫》等晚期主要著作。天井较大，整个院子因而显得疏阔，院里有两棵西府海棠，秋实满枝，有的已经熟透，红黄相间，算是与院外的柿子树遥作呼应。

后宅是起居室。这里也有个小院，院中的苗圃兼做菜园，平时会种些瓜果。或许正是在这里，郭沫若参与了家庭的"工业生产"。据郭沫若的女儿郭庶英回忆，在肥皂供应短缺的年代，他们曾尝试自己制作，在加热的牛油中，不停地滴入火碱，一边搅拌一边滴，使油碱完全融合，冷却后形成肥皂。"父亲也和我们一起干过"。想来，较之前院的酬答往来，郭沫若在后院里的日常形态应更丰富吧。

从四合院出来时，不经意看到西边的一幢两层洋房，尖尖的屋顶，白色的窗棂，圆形门廊，颇有欧美风，在外紧贴着故居的围墙，颇为突兀。距离之近，应是这宅院的一部分无疑，但却在围墙之外，只得请教这里的工作人员。幸好遇到李晓虹和李斌两位旧识，经由他们的介绍，才知道这栋洋房与四合院原本是一家，小洋房为王稼祥居所。但如此迥异的风格，还是让人疑惑。

原来，郭沫若一家是1963年移居此处的，这之前，院子曾先后作为蒙古国驻华大使馆和宋庆龄的寓所。而这个院落的历史却要久远得多，这原是和珅的花园，后来成为恭王府的一部分，作为草料场和马厩。辛亥革命之后，王府后人将其卖给中医老字号"乐家老铺"作为私宅。现在的建筑格局，便形成于20世纪20年代，由乐氏兄弟规划建造。乐氏兄弟中的乐达人，既通中医，又曾留学英法，精通西学，宅邸也因此呈现出中西兼容的气象，这倒与郭沫若的气质极契合。

院子的南边有两三间小房子，早年或为下人居处。东南角上，是几丛翠竹，边上堆着一岭银杏叶。在北京，秋天赏银杏是一大乐事，此时只有落叶，看来还是错过了些什么。但树叶虽落尽，好在秋天毕竟还未完全离去，在想象中修复初秋的场景也还容易，我便顺着小道回头去找银杏。

其实是不用找的，是我太大意，进园时被那棵柿子树吸引去了，忽略了道旁的银杏树。这里有好几棵杏树，最大的已合抱，秋天该是亭亭如盖了。更有意味的是，在银杏树下，有一尊郭沫若的雕像。与一般正襟危坐的塑像不同，郭沫若坐着，却跷着二郎腿，双手抱膝，头微侧，颇为怡然，似在观赏银杏，又似远眺，更像是与老友叙话。

银杏也是郭沫若的老朋友了。国民革命后期，蒋介石欲脱离革命政府，郭沫若因而率先发难，写下《且看今日之蒋介石》的讨蒋檄文，旋遭蒋政府通缉，后流亡日本，蛰居东京附近的千叶县，转而从事金文甲骨文研究。也就在这段岁月里，他在住家附近手植了两棵树，一棵是广玉兰，另一棵就是银杏。20世纪50年代郭沫若重访日本时，曾特意去看过。

抗日战争时，郭沫若在重庆，为避轰炸居乡下时，家住赖家桥。院子里有一棵大银杏，郭沫若曾为之写过一篇散文，就题为《银杏》："秋天到来。蝴蝶已经死了的时候，你的碧叶要翻成金黄，而且又会飞出满园的蝴蝶。"诗意的笔，赋予了将死之秋叶以活力，金黄的杏叶，正如樱花，以全盛迎接死亡，但郭沫若之意却不尽于此，他又说银杏超然却不隐遁，这道出的是自家心事；又说银杏是东方的圣者，中国的国树，想来是欲在炮火中寻找民族的根基吧。也是在这棵树下，他写出了《青铜时代》与《十批判书》，后来他曾想两书合印，拟想的一个题目便是《白果树下书》。

郭沫若故居共有十来棵银杏，大部分是从西四大院胡同的老房子那边移栽过来的，但其中一棵较为特殊，对他们有着不寻常的意义。这棵树来得也有些偶然，有次郭沫若带着孩子们去大觉寺玩，碰到了林业大学的师生，带队的朱教授带领他参观，临走时还送给他一棵银杏树苗，那时郭夫人于立群因病在外就医，郭沫若便将此树培植在住所旁，命名为"妈妈树"，以寄寓健康之意。这或与银杏本身的药用价值有关。银杏又称白果，据《本草》说："其气薄味厚，性涩而收，色白属金，故能入肺经，益肺气，定喘嗽。"看来，银杏除了观赏之用，还可入药，郭沫若虽学西医，但对白果的好感，恐与此也不无关系。

微风一吹，顿起凉意，深秋的日子有些短促，从小山丘旁绕道而出，大门已经微闭，启开沉厚的木门，大街上已不再那么喧嚷，路人的脚步也匆匆了。道旁的三轮车师傅已准备收车，那句话——"是大作家，副总理"，却又回到了耳边。文学与政治，这或许是郭沫若留给后人最深的印象吧，这些年对郭沫若大加追捧者有之，棒杀者有之，根由也不离此二端。在和平年代，对历史人物作出道德褒贬总是容易的，只是那一代人的革命热情，或许也像深秋的杏叶一般被扫到了角落里。

前海西街18号是郭沫若的故居，但对于前来寻找地道北京味的游客，他们更想体验的是后海的繁华，这里只是起点。在穿过荷花市场时，李晓虹女士说，后海那家她经常去买茶叶的老店不见了，因付不起房租，只能转给做餐饮的了。她不由得感慨："我们的城市真的没有历史了！"但在我看来，我们失落的何止是历史，还有某种精神和情怀。

原载2013年12月9日《人民日报》，
作者系厦门大学台湾院助理教授

嫣然一笑竹篱间

——记郭沫若北京故居中的两株海棠树

周维东

我开始较深入地了解郭沫若，是在研究生阶段。因为导师的原因，我有机会与郭沫若故居、郭沫若纪念馆和研究会等机构的专家接触，感受也大不相同。这些专家给我的印象，如果用一个词来形容，"温暖"十分妥帖。与许多类似机构的专家相比，郭沫若的研究人员没有霸气和等级观念，与郭老这个"国家领导人"的级别形成鲜明反差。也因为此，我在接近郭沫若的过程中，犹如有了一个温暖的"中介"，没有太多的陌生感和突兀感。这其实是研究郭沫若常常出现的问题。郭沫若一生跨界很多，举止不拘一格，思想天马行空，没有一个好的"中介"，稍有深入便会有猝不及防、不知所措的感觉。很多对郭沫若武断的看法，大都是这个原因造成的。因为这些"中介"，在走进郭沫若的过程中，我常常能以一种理解的心态，悉心体会他生命的脉动、心灵的声音。尽管相对于郭沫若，自己的生活未免太过庸常，但我更愿意以自我的生命经验去体会这位伟人的生命强音。我常常想，以郭沫若丰富的人生经历，我可能穷尽一生之力也难以窥见他在某一领域的精神高度，更难说对其"球形发展"的人格有整体把握，但我庆幸，在走进郭沫若的过程中有一个良好的开端。

说这么多前奏，不过是为了说我对北京郭沫若纪念馆内两株海棠的印象。最初看到这两株海棠是在 2008 年，纪念馆举办郭沫若诞辰 115 周年纪念活动，由李怡老师举荐，我和另一个博士研究生作为工作人员参与到本次研讨会。作为会议中的一个环节，我有幸第一次参观了郭沫若在北京的故居。由大门进入后，如同步入一个精心修饰的园林。故居占地面积不大，但是曲径通幽。时值秋天，纪念馆内的银杏树叶黄得很彻底，树上树下的叶子都很茂密。尤其在树下，纪念馆有意不去打扫，厚厚的叶子铺在地上，有一种浓郁的诗意。纪念馆工作人员告诉我，这个时候他们会捡拾掉下来的银杏果，在故居食堂内炖鸡吃，他们脸上洋溢的幸福表情，让我至今难忘。

在故居的文物中，我首先被震撼的是郭沫若的书法。馆内郭沫若的书法很多，那种纵横捭阖的气势，让我更深切地体会到郭沫若作为文人的才情。我不懂书法，说不出郭老书法的精髓，但对郭沫若书法的大气依然感受强烈。郭老用笔大胆，不在乎一笔一字之秀美，而更强调整体的气势，很多笔法取势非常之险，若非艺高人胆大断不敢为之。难能可贵的是，这一切特征在郭沫若书法中都显得十分自然，似乎一切并非为书法而来，而是兴致所致、任意而来——当然我知道，这其实也是郭老追求的效果。

郭沫若书法能有如此境界，依我的理解，与其"球形发展"的人生定位有关。郭老一生并不为一行一事所纠结，能文能武，能学术能政治，在多个行业都做出卓越贡献，这种自信和能力非常人所能企及。多数人为一行而消得人憔悴，有造化者可能体会其中二三妙处，但很多人都只能徘徊在门外不得其所。如此的艺术创造，即使技术已至炉火纯青之境，也不敢将自己暴露在外，闭门造车，处心积虑，难以实现艺术需要的自然。

穿梭在故居的厅堂之间，我为郭沫若书法之潇洒而感慨。不知不觉来到西客厅门口。两株结满果子的海棠，在午后的阳光下，惊艳了北方的秋天。树枝是否很高，我记不清了，但在仰视的视角下，树枝犹如从天而降；果子是暗红还是火红也不确切了，但在蓝天的映衬下，让人感到生命的热情和张力。那种豁然开朗的感觉，大概与在屋子里幽闭太久有关。但这并不重要，重要是这种感觉不可复制，而带给你奇妙感觉的，是这两棵结满果子的海棠。回头想来，如果这时我看到的是银杏，或者是蜡梅，可能在北方爽朗的蓝天下依旧惊艳，但感觉会完全不同，都不及海棠来得那么强烈，那么让人念念不忘。

待我理性之后，恍然觉得这两株海棠留给我的印象，正是郭沫若初登文坛时带给读者的感受。彼时远在日本的郭沫若，以其狂飙呐喊式的诗句，征服了国内读者。今天的"非郭"者，认为郭沫若的诗太过直白，缺少了必要的含蓄和矜持，但他们忽略了一点，对于长期幽闭甚至有些压抑的国人，只有不矜持的诗句能够点燃他们生命的热情。一切尽如这海棠，在北方它并不高贵，但结满果实红成一片的色彩，对人的感染，强过了很多更高贵的植物。

两株海棠的印象深深印在我的脑海，此后有机会再入郭沫若故居的时候，我都会再次去感受它们的存在。每次去，它们留给我的感受只会更加深刻。后来我混迹在高校，搞中国现当代文学研究，对郭沫若的了解逐渐增多，对社会各界对于郭沫若的非议也有耳闻。每次社会上出现"非郭"的声音，我都会想到这两株海棠，有些植物如银杏、蜡梅，容易受到世人的追捧，原因不过是世俗的人从中找到脱俗的寄托。如银杏的黄叶，蜡梅的幽香，都让人忘记尘世的烦恼和粗鄙，然而不俗的植物最终沦为了俗物，它终究满足的是俗人的奢求。海棠也有贵贱之别，但多数存在于山野之间，不脱凡胎，因此常被忽视甚至非议。郭老一生，用坦荡形容并不为过，没有几位能如他敢于直接暴露自己的心声，让一般人看到如我等俗辈相似之处。看到这一点，便急欲与之拉开距离，其实大可不必。郭沫若不避俗，恰是其有高于世俗的视野和眼光，有旷达的心胸与高远的抱负，唯有如此，才敢于一直在俗世中弄潮而不为其完全淹没。相反，很多避俗者虽然落得一世好名，但拉开历史之后，只会觉得小气，甚至是更大的俗气。

苏东坡有咏海棠诗一首，是其寓居定惠院之东，在杂花满山中，忽见海棠一株，叹土人不知贵而作。其中有这样几句：

江城地瘴蕃草木，只有名花苦幽独。嫣然一笑竹篱间，桃李漫山总粗俗。也知造物有深意，故遣佳人在空谷。自然富贵出天姿，不待金盘荐华屋。

在我看来，"嫣然一笑竹篱间"正是郭沫若的写照。我并不反对"非郭"，甚至以为，如果是深刻而真诚的反思，恰恰证明今天知识分子的进步。但我反对浅薄地"非郭"，以郭沫若为垫脚石证明自己的高洁，这种做法只能证明自己的浅薄和俗气。同时，我觉得今天对郭沫若最大的维护，不是去与各种"非郭"打口水战，而是充分挖掘郭沫若心中旷达与高远的一面，用它去感染更多人，唯有如此，郭沫若对当下的意义才更能彰显出来。

作者系四川大学文学与新闻传播学院教授

丹柿小院：北京的符号

史 宁

作为一个城市而言，有许多事物可以代表整个城市的文化特征与性格，比如风筝、故宫、长城、胡同、京剧与各种特色的小吃，都可以看成今天北京的城市符号。其中，北京民居四合院和以写北京著称的本土作家老舍，或许可以当做北京符号中最具特色的两个代表，他们已然成了这座古城的城市名片，彰显着北京独特的城市文化与价值。

既然四合院与老舍都代表着北京的形象，那么，老舍在北京的故居是不是传统的四合院呢？

是，又不全是。

老舍在北京的故居有好几处，最重要的有两处。其一是位于今天新街口北大街的小杨家胡同8号。他在这里出生并且度过了贫寒的童年时光。另一处是灯市口西街的丰富胡同19号。这是新中国成立后老舍一直居住直至离世的地方，也被称作"丹柿小院"，因其内有两株老舍夫妇亲手栽种的柿树而得名。我们现在所说的老舍故居，一般指的是这里。

故居所在的丰富胡同是一条很窄的胡同，全长不过180米，最宽处大约两米。北京胡同的一般宽度多在3米至6米之间，像丰富胡同这种宽度的胡同，在北京城属于十分窄小的。老舍在以自己出生地——小杨家胡同（新中国成立前称为"小羊圈胡同"）为背景的长篇小说《四世同堂》中，曾经这样描写这条胡同的入口："葫芦的嘴是那么窄小，人们若不留心细找，或向邮差打听，便很容易忽略过去。"丰富胡同也是这种顶小顶小的胡同，稍不留神或没留意路牌，就可能走过。

　　北京胡同的尺度与住户门庭的宏富，似乎永远存在着一种顺势关系。丰富胡同里十几户人家，几乎全是小门小户，深宅大院不会出现在这种窄得通不了汽车的胡同中。19号的老舍故居位于胡同南端第一家。小门楼加黑漆窄门，典型的北京平民住宅的门户。若将两扇黑色小门关上，再将墙上老舍纪念馆的牌匾取下，任谁也猜不出这里曾是享誉四海的作家老舍的故居，因为它实在和北京旧城中的普通民居无异。

　　1949年底老舍从美国回到北京，由于暂无居所，便住进了北京饭店。根据惯例，上级原本将老舍安排到作协的机关宿舍楼居住。老舍好静，对写作环境有非常严格的要求，于是，他主动向周恩来提出申请，希望自己出资购买一处小院子。周恩来十分理解老舍，欣然同意。老舍便用一百匹白布的价格，购置了这所400平方米左右的小院。由此，老舍也成了新中国作家中自主购房的第一人，并且带动一批作家的购房潮流。

　　我想，老舍购房的执念除了追求安静的写作环境以外，或许还跟老北京喜欢住平房与四合院有关。只需要稍微梳理一下老舍前半生的居住线索就会发现，除了早年在北京生活之外，他青年到英国伦敦大学任教期间，住的是公寓楼。20世纪30年代老舍回国后，在济南四年，租住的是南新街58号的一处平房。1934—1937年他住在青岛，住的仍是楼房。抗日战争爆发后，他南下武汉与重庆各地，居住的也多半是楼房。1946—1949年老舍旅美期间，住的还是公寓楼。因此，在1949年回国之前，老舍就向友人透露过回国后购置一处小房的意愿，这或许是他始终追求的居住梦想，其中蕴含着北京人世代养成的深厚的居住习惯与偏好。

回到开头那个问题,为何说老舍故居既是四合院又不是四合院呢?严格说来,老舍故居只是一个三合院。四合院是院内东西南北四面都有房间,合起来围成一个院子。三合院则是东西北三面有房间,南面由一面墙代替原有的南房,比四合院少了一个朝向的房间。有时也把三合院称为"三合房",以示低下。因此,三合院只是四合院的一种低端户型。笼统地说算是四合院,但严格说并不是标准的四合院。

既然自己花钱买房,为何老舍不买一个更大、更气派、更标准的四合院呢?我想,这还要回到他自身的成长环境中寻求解答。老舍出生的小羊圈胡同5号,是一个比丹柿小院更窄小的院子。按老舍在半自传体小说《小人物自述》中的描述:"这是所敞亮而没有样子的房子,院子东西长,南北窄,地势很洼,每逢下了大雨,院中便积满了水,很像一条运河。"老舍在济南时期居住的南新街58号,正好也是一所只有东、西、北三面房的三合院。1945年在《"住"的梦》一文中,老舍写道:"既然阔起来,我就能在杭州,青城山,北平,成都,都盖起一所中式的小三合房,自己住三间,其余的留给友人们住。房后都有起码是二亩大的一个花园,种满了花草。"文里提到的恰好也是三合房,而且还是"小"三合房。

家对于老舍来说,一直是种奢侈品。他颠沛流离了大半辈子,都不曾有过自己的家。老舍既出身于城市平民阶层,身上又带有典型的平民本色,连居住的梦想都是自给自足平民式的小户型,所以,丹柿小院是他实现人生理想的一个里程碑,他终于有了一个真正属于自己的安定的家,尽管它并不大。

老舍一生热情好客,把友情看得无比贵重。丹柿小院也是他招待亲朋好友的地方。上至国家总理、前朝皇帝,下到送报纸或牛奶的工人、街坊邻里,都是这里的座上宾。老舍故居被戏称为整条胡同的"大客厅",人们都因老舍慷慨热忱、毫无架子而喜欢走进丹柿小院。正如今天络绎不绝来到老舍故居的每一个人,并不像参观,更像是来串门。这里尽管是一座纪念馆,但它还是老舍最喜爱的家。

  丹柿小院仿佛是一座平民的圣殿,虽然体量不大,但这恰是北京普通民居最适宜的生活尺度,其中蕴含着北京人的生存智慧与居住文化。北京就是这样一座同时兼容"大"与"小"的和谐之城。恢宏如故宫,精巧似丹柿小院,都是北京独特的风景,都是体现古都风貌的最佳符号。

作者系光明日报出版社编辑

媒体视野

编者按：

经中国民主同盟（民盟）北京市委和北京市文物局共同发起，由北京人民广播电台城市广播策划，从2016年4月8日至6月17日，在每周五的《城市文化范儿》节目中播出了"有范儿逛故居"的访谈节目，分别邀请北京的宋庆龄故居、李大钊故居、北京鲁迅博物馆（北京新文化运动纪念馆）、郭沫若纪念馆、茅盾故居、老舍纪念馆、徐悲鸿纪念馆和梅兰芳纪念馆的相关人员，对以宋庆龄、李大钊、鲁迅等为代表的20世纪中华文化名人的民族精神进行了详尽的解读和阐释，并且通过对文化名人故居的介绍，还原了这些历史文化名人真实的生活场景和战斗的一生。

北京城市广播《城市文化范儿》
——有范儿逛故居（第一集）

走进郭沫若故居

（2016年4月8日）

主持人：黄　彦　北京城市广播主持人
嘉　宾：张　宇　郭沫若纪念馆公众教育与咨询中心主任，办公室
　　　　　　　　副主任
　　　　张　勇　郭沫若纪念馆副研究员
编　辑：郝　爽　北京城市广播

主持人黄彦（以下简称黄）：西城区荷花市场西侧的胡同向北，一座中西合璧的宅院矗立在那儿，现代文学家郭沫若在这里度过了一生最后的15年。早年，郭沫若凭借才情横溢、大气磅礴的诗篇震撼文坛，被称为最能代表五四狂飙精神的诗人。从今天开始，每周五的"城市文化范儿"，我们会带您走访一个北京城的名人故居，边看景边聊一些鲜为人知的故事，和那些不曾磨灭的记忆。第一站，我们先来到前海西街18号现代文学家郭沫若的故居走一走。今天在直播间，特别为您邀请到了两位嘉宾，由民盟北京市委和北京市文物局共同推荐的郭沫若纪念馆的副研究员张勇和郭沫若纪念馆公众教育与咨询中心的负责人张宇。

二位对郭沫若都非常了解，也做了很多研究。在我们的学生时代，郭沫若对于我们来说都是课本上的名字，我们学过《天上的街市》："远

远的街灯明了,好像闪着无数的明星。"当时这首诗还需要背诵。郭沫若曾经是我们国家的副总理,他的故居在前海西街18号,二位在郭沫若故居工作多长时间了?

嘉宾张宇(图一):我是2008年来到纪念馆,张勇老师是2013年来到郭沫若纪念馆工作的。

黄:那么二位在郭沫若纪念馆也过了好多个春夏秋冬了,如果让你们形容郭沫若故居,告诉那些没有去过的朋友们,你们会怎样介绍呢?

嘉宾张勇:我对郭沫若纪念馆,有一种曲径通幽的感觉。郭沫若故居有着自己的独特之处,它是一个中等规模的故居,不像宋庆龄故居那样大,与老舍故居、茅盾故居相比,四合院的性质更鲜明,是一个完整的四合院。进去之后,有一条长长的甬道通至四合院,整体给我的感觉是曲径通幽。

黄:张宇在郭沫若故居已有八年的时间了,你的感觉是不是不太一样?

张宇:用四个字形容是"闹中取静"。大家都知道,什刹海地区是一个非常热闹的地方,但是当你走进郭沫若故居院子的时候,你会觉得它跟外面的喧闹产生了强烈的对比,你会一下子进入安静的状态。因为院子里的花草树木特别多,整个的人文景观会带你进入一个非常安静的世界。

黄:二位在郭沫若纪念馆工作,对郭沫若本身有着很多的研究。刚才说了对他的故居的印象,那么对于郭沫若本人,二位有着什么样的印象?

张勇:我们对郭沫若所了解的最直观的印象,可能就像您刚才说的,是从我们中小学课本里学到的诗歌文章得来的,他是一位诗人和作家。其实郭沫若是一个全面发展的天才,在研究领域,我们把他称为球形人才。我们知道,圆心到球面各个点的距离都是等长的,因为郭沫若先生不仅仅在文学一方面取得了很大的成就,在考古学、古文字学、翻

图一　嘉宾张宇（左）、张勇

译、书法方面都取得了很高的成就。他的最大特点是他做学问不局限于某一方面。比如鲁迅，他的成就更多地体现在文学创作上。郭沫若的特点则是广，他在各个领域各个方面都取得了非常高的成就。

黄：这在郭沫若纪念馆都有体现，刚才张勇说道，郭老除了在文学上取得了很高的成就之外，还是一个很全面的人。而且我们也了解到，郭老私下里是一个很有情趣的人。他写过："我们的性情倒是比较喜欢热闹，花团锦簇，在太阳光里，真是天骄。"可以看出，郭老是一个热爱花花草草的人，那么在他的故居里，这段时间正好是春天，是不是花也特别多呀？

张宇：现在应该是郭沫若纪念馆最好的季节，因为现在是我们的海棠花盛开的季节。海棠花的花蕾是深红色，完全绽放后花瓣是白色，这个过程让我们非常欣喜，而且它的气味也特别清香。

黄：是的，我的朋友刚刚去过，拍了照片回来，看了感觉特别美，一大株，看着有点像樱花，当时同事还以为是樱花。海棠花的颜色类似粉白。

张宇：除了海棠之外，郭老的院子里还有许多花花草草，现在盛开的就有梨花和丁香，之前还有迎春和连翘等。院里光海棠就有三种：西府海棠、山丁子以及贴梗海棠，花色各不一样。

黄：是当时郭老在的时候种的吗？

张宇：对，基本上都是那个时代的。

黄：除了春天的花之外，各个季节还有没有其他的不同的植物？

张宇：从迎春花盛开的初春开始，一些花陆续开放。像我们的海棠花开过之后，郭老院子里还有牡丹池，那也是当年郭老移过来的，其中几株是郭老亲自种的。很快牡丹也会开放，待牡丹开放后，院子会变成绿色的海洋，待着感觉非常舒服。到秋天的时候，银杏树叶会变黄，到那个时候，整个院子又变成金色的海洋。

黄：特别的美，因为我好多年前也去过，红门红柱，它原来也是王府的一部分，比较有气派。所以在这个时候，非常喧闹的什刹海这边，进入郭沫若故居院子，人一下子就沉静下来。被植物环绕着，春天有春花，夏天绿树成荫，秋天有银杏，就觉得特别美，一年四季会有不同的感受。

刚才我们了解了郭沫若故居大概的情况，就是郭沫若纪念馆春天的庭院风景，现在请继续跟随我们的两位嘉宾，更深入地探访一下郭沫若故居。去过的朋友都知道，郭沫若故居跟一般的北京的四合院相比，有相似的地方，也有不同的地方，二位给我们介绍一下。

张宇：说起故居，他最早是王府的一部分，民国初年，乐家达仁堂买了这块地作为私宅，盖了两栋房子，一栋是西式的洋楼，一栋是中式的四合院。中式四合院是标准的两进四合院。我们知道，当时已经进入民国，但是，按照王府级别来修的民宅，有金色的夔龙纹饰在垂花门上面，这个只能用在王府，民宅原本是不允许的。整个院子的标志还是四合院，抄手游廊，垂花门，住在里面很舒服。

黄：我感觉它的中心的院子是最大的，有正房和东西厢房，前后感觉有点小。

张宇：相比之下，他的院子还是比较大的，一进二进之间有个小花园，花园里有藤萝架。以前郭老喜欢在里面种植蛇豆，最长的能长到两米多。蛇豆到秋天成熟的时候，颜色会变红，很多外国友人在这个季节到了院子里，看到后会在架子底下合影。

张勇：郭老搬进去之后，自己也进行了很多装饰和改造，最典型的是一进门之后看到的两个石狮子，狮子本来要放在大门口，却放到草地上，一般人会觉得很奇怪。

黄：一般人都将石狮子放在大门口，很威武，但是这个却放在了一堵墙前面的草地上。

张宇：这与郭老的个性有关。一般来说，狮子都要放在宅子门口，但是郭老天生有一种叛逆的性格，他把狮子放在草坪上让他们去玩耍，有点像是要把狮子拉进来和他们一起生活的感觉。

张勇：这与他的性格有关。郭老早年提倡泛神论，就是众生平等。他把狮子也当成了生命体，把它放在自然中，让它自然地生长。所以，郭老和我们一样，是一个有丰富情感的人。

黄：我听说他的门口有两口不成对的铜钟，这个也让大家挺好奇的，为什么不成对呢？

张宇：郭老是考古学家、古文字学家，他对于古董比较喜欢。这两件铜钟是郭老去世之后，由郭老的工作人员把他收藏的两个钟摆在那里的。近几年，我们发现，在这两口钟下还有两块垫砖，从砖的落款可以看出，这两块砖是建设故宫的备砖，流落到民间后，被郭老收藏的。这两块砖敲上去，能听到金石之声。

黄：郭沫若故居很大，怎么样才能把它参观全呢？二位能把大致的

文化名人与文化景观

格局说一下吗？也好让那些没去过的朋友，对郭沫若故居能有一个大致的了解。

张宇：故居的位置还是挺好找的，我们院子门口有个大影壁。现在开放着的只有一个朝东开的大门。进去之后，首先看到的是庭院，现在有花花草草。再往里走有一座铜像，是我们1988年开馆的时候，由司徒兆光先生带着中央美院的学生塑造的。1988年开馆的时候，铜像正式揭幕。

黄：这个铜像挺有意思的，郭老坐在那里，眼睛看着天空的方向，好像在思索。

张宇：是的，郭老坐在银杏树下。银杏树特别大。

张勇：这是我见到的郭老最好的一尊塑像。并不是因为我在这里工作，我在其他地方见到不少，但是都没有这尊传神。我们能看到郭老在思索，能够反映出郭老作为知识分子的存在形象。

黄：除了铜像之外还有什么呢？

张宇：院子里头再往里走就是垂花门，进了垂花门之后就是抄手游廊。如果仔细看，进了垂花门的门廊，我们俗话说的"大门不出二门不迈"，那里就是我们所说的"二门"。二门那里有个廊子，具有民国建筑风格。上面有壁画，用的是西洋透视画法，所以，能把建筑物的时代勾勒得很清楚。大家可以去看看。顺着抄手游廊，能看到东厢房、西厢房，还有会客室、办公室。卧室都是保持原状的；还有郭老夫人的写字间，也是保持原状的。

黄：有网友说郭沫若故居住过不少名人，是这样吗？

张宇：对。这是民国时期乐家达仁堂建的宅子。经过历史变迁，新中国成立之后，由政府接管。它曾经是蒙古驻华使馆，之后宋庆龄先生在这里住过一段时间，直到1963年她搬到现在的宋庆龄故居后，郭老才搬进来。

黄：这个院子还真是住过不少人，从王府到达仁堂，到宋庆龄，然后是郭沫若。刚才二位说了郭沫若故居很多房间都保持着原状。我印象特别深的就是他的书房的家具,是五六十年代那种老式的木家具,非常漂亮。

张勇:是国务院办公厅统一配置的。国管办有一些游客到我们那里去,会说"这和我们当时配置的家具一模一样"。

黄:我们能看到,这种家具的年代感一下子就把观众带到过去,请把客厅布置的情况给大家再介绍一下。

张宇:客厅是郭老家里最大的一个房间,郭老在这里接待外宾,他的身份决定了他的社交。一般来说,主人会坐在一个特定的位置上,郭老因为听力不好,他总会把客人让到左手边,周总理有时候会坐到右手边。客厅里有一架钢琴,钢琴前面有一个单人坐的座椅,那个就是郭老坐的。客厅里挂有一幅非常大的山水画,那是傅抱石先生创作的《游九龙渊诗意》。傅抱石就是以创作大尺寸的画著名的,他和郭老在日本就相识,两个人是忘年交,交往很多。

黄:现在这种大尺寸的画在市场上非常受欢迎呀!刚刚结束的2016年春季拍卖,大尺寸的画创造了很多新纪录。

张宇:没错。我们查了一下史料,这可能是傅抱石的最后一幅大尺寸的画,傅抱石先生两年之后就去世了。有意思的是,它是根据郭老去朝鲜金刚山所写的一首诗画的。大家远远望去可能看不清楚。在整幅画的中央偏右有一个小红点,离近了看,是一位戴红头巾的女士,她的旁边站着一位戴眼镜、穿礼服的先生,这就是郭沫若夫妇。画家把他们两个也画进去了。所以,这幅画对我们也是很有意义的。

黄:除了这幅画之外,这个客厅里有一些什么样的小摆设吗?

张宇:客厅里摆了一些郭老收集的奇石,就是长得很有意思的石头。但是摆得最多的还是书,一些参考资料,因为郭老毕竟还是一个学者。

黄:说到他摆的书和石头,有一个网友说了,上学时学了郭沫若的

《天上的街市》，后来又读了一首诗："远看石头大，近看大石头。石头果然大，果然大石头。"感觉这两首诗完全不是一种风格，这是一个人写的吗？

张勇：都是郭沫若写的。刚才网友提到的第二首诗，是他到石林有感写的，叫《赞石林奇观》。我们应该怎样看待这个问题呢？郭老在晚年的时候也嘲讽自己说："郭老不算老，诗多好的少。"他自己也有这方面的意识。1969年，他翻译过一本诗集《英诗译稿》，诗里面他做了好多附白，评价诗写得如何。

黄：他自己也评论诗。

张勇：对。他自己是明白的。郭沫若先生自己是一个情感型的诗人。在创作女神之后，他给自己一个定位，说以后我就不再是一个诗人了。因为《女神》是在特定的时期、特定的年代下，有了特定情绪和情感才能创作的。往后郭沫若关注的视点转移到了考古学、社会学、历史学和古文字等，写诗反而成了副业。所以他是一个综合性的人才。

黄：他是一个全面型的人物，一个全才。

张宇：我们称为百科全书式的人物。

黄：是因为你们对郭沫若研究得特别多，情有独钟吗？还是因为偏爱才给了这样一个称呼？

张宇：要说研究不敢说，郭沫若就像刚才张勇说的，郭沫若是一个球形发展的人物，他在很多方面都有建树。诗歌方面，他完成了中国第一部白话诗歌《女神》。后来又涉足两周金文。新中国成立后，又从事外交。还有书法、话剧等，很多很多。

黄：写诗我们还挺熟悉的。考古我们不太知道，他都去哪儿考古？

张勇：其实在20世纪30年代，郭沫若就已经涉足考古了。30年代他在日本流亡时期，翻译了一本非常重要的作品《美术考古一世纪》。他把西方的考古理念——就是今天我们所说的野外考古，引入到了中国。从这个角度来讲，他构建了中国现代考古的一类学科，一种理论体系。40年代在重庆，即使在抗战时期，有很多文物被发掘出来，他都是到现场进行考察和考证。

黄：对，他在甲骨文、金文方面有很高的造诣，这个稍后再请二位说。还有一个资料说，郭老和我们之前节目里做过的首博展览的殷墟妇好墓还有一些渊源，是吗？

张勇：是的。在我们纪念馆里有一张照片，就是刚发掘妇好墓以后。妇好墓是由中国社会科学院考古所发掘的。考古所的工作人员就把当时的出土文物——像猫头鹰的一件铜器抱到了郭老的客厅。（主持人："是叫鸮尊吗？外形长得像猫头鹰。"）对。让郭沫若先生去鉴定，考证它的年代和价值。

黄：虽然他不一定到现场去挖掘，但是他对这些东西的鉴定有很深的研究。

张宇：没错。说到考古，现在中国的国家旅游标志是马踏飞燕，形状类似一匹马踩着云彩，其实这个名字也是郭老当时取的。他在甘肃那边考察，正好武威附近出土了一批文物。在看到这个铜器时，郭老给它定名"马踏飞燕"。还写了一首诗。

黄：说到郭沫若这个人，一位微信平台的朋友说，旅游的标志叫马踏飞燕不对，应该叫马超龙雀。

张宇：在学术界，对这件铜器还是有各种不同的看法的。不同的人对同一个器物的叫法是不同的。

黄：这位朋友还说，郭老的学术水平很高，但是，似乎社会评价不是很高。

张勇：对于郭沫若，我觉得应该客观地评价。第一，应该放在历史的环境当中去评价。郭沫若是中国现代历史上唯一的一个在文化领域中从五四时期走到科学春天的一个人，他经历了中国百年所有的历史变迁：五四运动、北伐战争、抗日战争、新中国成立以及之后的这段岁月，他经历了中国社会的可能是180度的转换，在这种情况下，他的思想、他的情感必然要发生变化。第二，还要放在他本人的一生当中去评价。人在一生有不同的历史阶段，会做出不同的人生价值的选择。我们评价一个人，不能简单地用好和坏去评价他。比如我们评价一个人，说他好，我们肯定会找出很多理由说他好；说他坏，也肯定能找出很多反面的例子。但是，如果我们对一个历史人物仅仅纠结于好和坏的评价，可能就会抹杀历史人物对于历史的贡献。我觉得，我们看待郭沫若应该是，他是从五四运动走到科学春天的一个人，我们何不把他当作那个时代的标本？从他身上，我们看到整个中国社会历史的变迁，看到中国知识分子转型的过程。我觉得，这是我们跳出好坏评价之后，他的更大的一个历史贡献。

黄：而且只要是公众人物，大家都会有不同的见解和评价，不会是对一个人物的评价一边倒。郭沫若确实有一些刚才我们说的打油诗，是比较有争议的。但是，郭沫若对于中国文学的贡献和成就是不能抹杀的。比如刚才我们提到的新诗集《女神》。另外，刚才二位也提到他在考古领域有很深的造诣，尤其是甲骨文、金文的研究。像文稿之类的东西，在郭沫若故居是否还能看到呢？

张宇：这也是我们的镇馆之宝。大家在我们的第二展厅也就是西厢房，能看到一个木匣，上面写着四个字"沧海遗粟"。底下郭沫若先生还写了一段小文，说明箱子里的东西到底是什么。1937年，郭老只身回国，参加抗战。因为条件比较差，所以一个人回来，身上只带了一支钢笔。在日本，他是受到那边的军警监视的。在日本十年所研究的金文和考古等多部著作，当时没有带回来。一直到1957年，一个朋友才从日本把这些东西带回来。所以他才叫"沧海遗粟"，有点失而复得的感觉。

黄：这"沧海遗粟"的匣子装的是什么呢？

张勇：装了九部书稿。他在日本流亡时期，研究中国古代社会历史、中国考古、金文和甲骨文。可以说，郭沫若对这九部专著非常看重。很多人把郭沫若的成就定在《女神》或者历史剧，但是我觉得，他对中国最大的贡献，正是他流亡日本时期在学术上所取得的成就，里面有中国古代社会研究，有金文的考证，有甲骨文的考证，对于卜辞的新的阐释，等等。

黄：他对于甲骨文和卜辞的研究，对现在都还有很大的影响吧？

张勇：对。郭沫若是"甲骨四堂"之一，他的甲骨文研究不仅仅停留在认识哪一个字上，他的更大的成就，是他发现了我们之前没有发现的商代，这个沉寂多年的朝代是郭沫若从甲骨文当中发现的。郭沫若的贡献在于他既能认识甲骨文字，又能用它来推测中国的社会、中国历史的发展。所以，他的甲骨文的考证体系，我们现在还在使用。

张宇：对。像我们社科院的考古所和历史所的老师们，现在还是走的这种研究体系。

黄：网友朋友说，郭沫若先生和鲁迅一样是弃医从文的，这是为什么呀？

张宇：这是一件很有趣的事情，因为大家会拿郭沫若去比较鲁迅。大的方向是一样的，但是细枝末节不一样。我们经常能看到郭老耳朵上带一个助听器，这和他放弃医学有关。他在16岁的时候得过一次伤寒，然后去日本学医，之后又得过一次伤寒，此后他的右耳基本上失去听力，要靠助听器才能听到一点声音。

黄：所以你刚才说，会见客人的时候，郭老把客人让到左边来坐。

张宇：对。能听到客人说什么才显得有礼貌。

黄：那他为什么就弃医从文了呢？

张勇：郭沫若的弃医从文和鲁迅的不一样。首先，郭沫若完成了医学的所有课程，并且取得了毕业证书；鲁迅是中途放弃了。右耳失聪是客观原因。还有一个是主观原因。当时很多的有志之士留学日本，刚开始是为了走实业，比如医学、工学、经济学等，很少有人去从事文学。但是到了国外，视野打开之后，他们觉得，精神和文化才是救国的根本。所以从主观上讲，郭沫若做出了这样一种选择。这两种原因，使他从医学走向了文化建设的工作。

黄：这个助听器在郭沫若故居还是能看到的。

张宇：对。是作为实物展出的。

黄：除了故居里头刚才二位说到的实物、花花草草之外，刚才还提到还有郭沫若的墨宝，对吧？我们了解到，他是特别喜欢书法的。而且刚才张宇说，有很多我们不知道的题词题字都是出自郭老的。

张宇：对。说起题词牌匾这里，我们之前做过一个专题展览，郭老的题词牌匾展，收录有六七十块。这些还并不全，有的刻在石壁上，拿不下来。我们说几个大家常见的，比如"中国银行"四个字，就是郭老题的。还有北京的老字号"荣宝斋""鸿宾楼"等，都是郭老题的，北海公园、香山公园的牌匾也是郭老题的。

张勇："故宫博物院"也是郭老题的。

黄：刚才这几个地方的题词我都见过。

张勇：还有一个地方，中国书店也是。

张宇：这些都是与老百姓息息相关的地方。因为郭老非常友好，只要是通过渠道找到他，他是非常愿意给大家题词的。个人找他也不例外。

黄：郭老相当平易近人，所以才能留下这么多墨宝。

张勇：这些仿佛就生活在我们每个人身边一样。

黄：尤其是中国银行、故宫博物院等，这些都是我们很熟悉的地方。说起他在很多地方题词，那么，哪些地方是郭老常去的地方呢？

张宇：文人喜欢去有文房四宝、笔墨纸砚的地方，在北京，就是琉璃厂的荣宝斋，那里古书多。郭沫若的研究涉猎很广，对那里很感兴趣。有趣的是，听郭老的女儿说，郭老在休息的时候，就和夫人去荣宝斋，先看一会书，然后就有人找他题字了。

黄：早知道这样，就去求一幅字，现在留着太有价值了。

张勇：刚才我们谈到的古钟和狮子以及纪念馆里的几个石墩子，都是他从文物店淘来的。这和他从事历史研究、考古研究很有关系。

张宇：有关系，郭老整个一生都有这种文化气质的浸染。

黄：我们刚才说的都是北京的郭沫若故居，在他的老家四川乐山沙湾，也有一个旧居吧？

张宇：对，应该算是祖宅。

黄：那边的规模跟这边就没有办法比了吧？

张宇：祖宅的规模还是很大的。

黄：留下来的不多了吧？

张宇：郭沫若故居在中国有三个地方：北京、乐山沙湾，还有一个在重庆。相对来说，规模小一点的是重庆的那个，其他两个算是有规模的。因为郭沫若在四川算是富庶之家，家里还有一个小花园，在沙湾一带算是很好的。

张勇：郭沫若的家在沙湾一带，是一个沿街的商铺，他们家当时是富商。2012 年郭沫若诞辰 120 周年，沙湾市政府又对旧宅进行了修建、扩建，把他家临街商铺后面的所有的大院子都买下来，新建了一个郭沫若旧居，非常大。

黄：这就非常大了。你们馆际之间有来往吗？

张宇：我们经常来往。因为有很多家乡、文物和业务的交流。

张勇：重庆故居也很有故事，我们最重要的一本郭老写的《甲申三百年祭》，就是在沙湾故居写的。

黄：那是什么时候的事情了？

张勇：抗战时期，1942 年前后。

黄：那时候郭老就住在那里吗？

张勇：那时候好多人都撤到重庆了。比如老舍，老舍在那里完成了《四世同堂》。

黄：看来重庆也是一个很值得去的地方。我们可以沿着他们的生活轨迹，来寻找当年历史上发生的有意思的事情。有网友问，我们北京的郭沫若故居和郭沫若纪念馆是不是一个地方？

张宇：对，是一个地方。

黄：除了刚才提到的那个匣子"沧海遗粟"，咱们故居还有什么镇馆之宝吗？

张宇：还有郭老和他夫人的一些书画作品。除此之外，还有一件东西，我们管它叫"活文物"，在我们的心里是有生命的，其实就是在我们院子里的一棵银杏树，当时郭老的孩子们管它叫"妈妈树"。

黄：说说妈妈树的故事吧。

张宇：郭老的夫人身体不太好，到南方去疗养治病。所以，郭老带着孩子们到西山大觉寺那边，找了一棵银杏树小树苗，当时他们住在西寺大院胡同，这个树苗当时栽在那边了。是为了给孩子们祈福母亲健康的，希望母亲像树一样健康成长。当他1963年搬过来的时候，他们觉得树已经成了家人，就把这棵树也搬了过来。所以，孩子们很亲切地管它叫"妈妈树"。

黄：郭沫若故居在什刹海，那么，郭沫若故居周围还有什么好去的地方吗？

张宇：什刹海本就是一个旅游的好地方，我还是从文化角度来说吧。从郭沫若故居往东有茅盾故居，往北有宋庆龄故居，往西是梅兰芳故居。大家步行，在20分钟内都能走到。

黄：感谢二位来做客，最后再给我们说两句吧。

张宇：十分荣幸能来这里做客，欢迎大家到郭沫若故居，去赏赏我们的花，看看我们的景。

张勇：欢迎大家到郭沫若故居来做客，我们一起交流，一起沟通，谢谢大家！

录音材料由郭沫若纪念馆张勇整理

北京城市广播《城市文化范儿》
——有范儿逛故居（第二集）

体会老舍的北京情

（2016 年 4 月 15 日）

主持人：黄　彦　北京城市广播主持人
嘉　宾：何　婷　老舍纪念馆业务部副主任
　　　　尉　苗　老舍纪念馆
编　辑：郝　爽　北京城市广播

主持人黄彦（以下简称黄）：说到老舍先生，有人这样评价他：生在北京，长在北京，死在北京，写了一辈子北京。老舍和北京分不开，没有北京就没有老舍，这位自带京韵的文坛大家，曾经为我们带来了很多的优秀作品，而作品里的很多事情，好像就发生在我们身边，因为我就生活在北京。老舍是地道的北京人，那么，他在北京的故居应该不止这一处吧？

何婷（以下简称何）：老舍在北京居住过的地方有十几处，基本上都是在北京二环以内，西直门附近比较多。老舍人生比较坎坷，他住过的地方很多，但是，他自己拥有产权的并不多，就两处。一处是西城区的小羊圈胡同，是他童年和少年的故居，另外一处就是新中国成立后他回国以后买的，也就是今天老舍纪念馆所在地，灯市口西街丰富胡同

文化名人与文化景观

19号。在这儿他住的时间最长。老舍活了67岁，在这里住了16年。因为是老舍先生自己花钱买的，老舍去世后，家属还住在这，1997年，他们把这个故居捐给了北京市政府。经过整修，1999年对外开放。2008年，开始对公众免费开放（图一）。

黄：灯市口西街丰富胡同19号，据说这个地方也有挺多故事。

尉苗（以下简称尉）：丰富胡同19号在灯市口。灯市口在明朝的时候，是人们正月十五赏灯、逛灯市的地方。老舍纪念馆所处的灯市口西街，以前叫乃兹府，是皇子皇孙的奶妈住的地方；胡同也不叫丰富胡同，而叫丰盛胡同。因为跟西城的丰盛胡同重名，所以改名叫"丰富胡同"了。

图一　嘉宾何婷（左）、尉苗

黄：老舍先生买这个四合院花了多少钱？

何：当时买这个四合院，老舍花了相当于100匹白布的价格。他买这个院子的时候是1950年初，那时候新中国刚刚成立，物价还不稳定，大家习惯用白布、小米的价格作为一般等价物，衡量交易。老舍研究会的专家专门做了一个研究，老舍买这个房子在他的日记里有记录，当时缴了300多万契税，契税占买卖额的6%，所以，他买这个房子一共花了5000多万。那时候币值大，后来旧币改新币，一万等于一块，所以，老舍买这个院子，大概是花了新币5000多块钱。20世纪50年代的5000多块钱是什么概念呢？我们这么换算，老舍先生那个时候也是很著名的作家，天天都有他的作品发表在报纸上。他发表一篇小短文的稿费大概是8万块，也就是8块钱。他如果纯粹靠稿费买这个房子，基本上是要写上六百篇以上才能买下这个院子。所以，这个院子是用他历年来积攒下来的稿费加上在美国的一部分书籍的版权费买下的。

黄：老舍先生买的这个院子现在是老舍纪念馆了，大概是什么样子的？

何：老舍的故居是一个两进的四合小院，因为边上还有一个偏院，主院实际上是一个三合院，少个南房。北房、东房和西房作为展厅。北房和西耳房是原状陈列，可以看到他们家的客厅、老舍和他太太的书房和卧室，两边厢房都是展览陈列。老舍馆面积不大，300—400平方米。虽然不大，但是里头的内容非常丰富。

黄：一般四合院的大门以红色的居多，为什么老舍先生四合院大门是黑色的？

尉：清朝的时候，四合院门的颜色、建筑形制都有严格的等级，普通老百姓应该都是黑色的门。后来没有这样严格的规定了，所以许多老百姓把门刷成红色，但是老舍先生一直保持着黑色。老舍本身就是一个出身于平民家庭的孩子，不管什么样的身份转换，他的视角一直停留在平民的身上，他的心态也一直认为自己是一个普通老百姓，是一个平民。老舍家的大门之所以是黑色，跟他们买的那所房子原本的等级有关系。

黄：除了大门与众不同，老舍的这个故居很多地方还保持了老北京四合院的传统风貌，比如说，进了正院之后，就有一个五彩木影壁，这个影壁有什么讲究？

何：影壁是四合院里一个重要的组成部分，它的主要功能有两种，一是遮挡外来的视线，二是辟邪。所以大家去各种四合院，不论是高级的还是大杂院，都少不了影壁。老舍故居的影壁比较特殊，它是木质的，而且它是五彩的。这在现在开放了的四合院里是相当少见的。而且，在影壁上面有老舍的夫人胡絜青女士留下来的"福"字，恰好和一进大门处的灰砖墙影壁上他儿子舒乙写的"福"字是对应的。

黄：除了影壁很别致之外，还有些什么样其他的讲究呢？

尉：老舍故居还有一个名字，叫作"丹柿小院"。这得名于1953年老舍和他的夫人亲手在院里种下的两棵柿子树。四合院一直有种树的传统，种树也是有讲究的。老舍种的柿子树，应该取得就是"事事如意"这样一个谐音。老舍自己写文章说过，他为什么在这个院子里种柿子树，除了果实可以吃，还有容易成活、防虫等很多好处。以前老北京的四合院是很有生趣的，"天棚鱼缸石榴树，先生肥狗胖丫头"。老舍住在这里也是种树、种花、养鱼、养猫，花鸟鱼虫无所不有。

黄：《茶馆》《龙须沟》等许多著名的作品，都是在故居他的书房里完成的，书房大致是什么样子？

何：老舍的书房是现在故居的西耳房。如果大家去看过，就知道，是一个不到20平方米的小房间，而且是在北房和西厢房交界的地方，采光其实并不太好。他之所以选择这偏僻的角落作为书房，是因为他创作喜静，这个地方是整个院子里最安静的地方。老舍的书房现在还是按原状陈列的。老舍的书房很有特点。首先他有一个很大的壁橱。这是老舍当年搬进来的时候自己设计的，用来放他的书、收藏品等。他从美国回来后买下这个院子,这个壁橱的设计,现在你去美国的话,你可以看到,大部分人家里都有这样的壁橱。但是,老舍家的壁橱是中西合璧的,一方面他采用了壁橱这样的方式,显得空间会大一些;另一方面,壁橱的装饰又是中国传统家具的样式。中西结合、新旧杂糅,在老舍身上体现得很明显。老舍的书桌上有钢笔也有毛笔,有眼镜也有烟灰缸,有从美国带回来的收音机,也有砚台笔筒这些中式文具。老舍书房除了壁橱,他的书桌也很有特点。书桌上都是些很平常、很日常的东西,例如眼镜盒、烟灰缸、台历、钢笔、毛笔等。他的桌子很有意思,是硬木镶大理石的。

尉:老舍先生的床也是硬木镶大理石的,这是因为他的腰不好,只能睡这种很硬的床。另外,经常有去参观的人好奇地问:"老舍床上怎么还放着扑克牌呢?"这是因为老舍先生在写作间歇的休闲方式,除了去摆弄花草,玩赏自己收藏的古玩物,他还喜欢玩牌,自娱自乐,所以,我们就遵照他这个喜好,把扑克牌放在了他床上。

黄:刚才说老舍的书房很讲究,他的卧室里头也是红木镶大理石的床,听说在客厅里头那才真是讲究,老舍有很多收藏吧?

尉:老舍有很多爱好,其中之一是喜欢收藏字画。老舍客厅有一面墙,当时被朋友们称为"流动的画墙"。老舍家里收藏了大量的字画,包括齐白石、李可染、张大千、于非闇等很多名家的作品。他定期会把这些画作挂在墙上,每隔一两个月,他就会换一批,然后邀请朋友们来家里,一方面赏他院子里的花,另一方面赏家里墙上挂的画。所以,朋友们称客厅的西墙为"流动的画墙"。我们馆现在只挂了一副《牧归图》,是李可染画的牧童骑着水牛,齐白石题的字。老舍这个人很有意思,他虽然是名人,并且和很多书画家有交往,那是不是人家都送他画啊?但是老舍说过:"索画不如买画。"老舍的妻子胡絜青,国家一级美术师,齐白石的弟子,还有他的四个孩子都会画画,但是老舍本人呢?胡絜青说他画画还不如个小孩子。老舍在笔记本上画小人,那真的就是小人，那种三角形脑袋，然后底下两条细腿儿，两只小手，就是这个水准。可是他非常爱画，也会赏画，所以他有这么多的收藏。

黄：现在故居里除了保留着老舍种的柿子树，还有别的什么吗？

尉：目前故居里还有香椿树、枣树。比较有意思的是枸杞。老舍家之前就种着一棵枸杞，后来被朋友拿去剪枝，种在了自己家的院子里。当我们接手老舍故居的时候，已经没有这棵枸杞了。后来我们从他那个朋友家里又剪枝种了回来，也是个很曲折的故事。我们有时跟观众开玩笑，老舍在的时候啊，这个院子里是有花有果有鱼有猫，到我们接手了，就只剩下吃的了。

何：我们有香椿，有柿子，有枣，有枸杞。院子里还有一座老舍的半身像，是2009年老舍诞辰110周年的时候，雕塑家孙家钵塑的，其实这个像他还塑了另外两个，一个在人艺大厅里。另外，在现代文学馆还有一尊老舍先生的全身雕像。老舍坐在长椅上，在他身边是叶圣陶和曹禺。另外，重庆北碚四世同堂纪念馆、济南老舍纪念馆、青岛骆驼祥子纪念馆都有老舍像，青岛还有一个老舍公园。

黄：老舍是不是有满族的血统啊？

何：老舍先生是正宗的满人，他是正红旗人。清朝有八旗，分四色，每个色都是有正有镶。如果是"正"，就是这一整块旗子都是这个颜色的；如果是"镶"，还是这个旗子，但是镶了一圈边儿。虽然老舍是满人，但家境比较贫寒。这里有两个常见的误会。首先，在旗的人不一定都是富人。当时的旗人里有富的，但是其他大部分不能种田也不能进学、做生意，等于没有什么收入来源，所以他们都很穷。另外，老舍出生的时候，他们家就很穷。而且他父亲在他出生一年后就死掉了。老舍自己说过，这种家庭出生的孩子，将来长大了很可能就是沿街做买卖，卖个花生啊瓜子啊什么的，或者去做学徒。可是老舍他受了教育，还出了国，这就是第二个误会了。有人说老舍是八旗贵族，他是海归留学派，其实都不对。老舍出国不是去留学，是去务工，到大学里当讲师，教外国人学中文。

以老舍的家境，他本该是上不起学的，但是他受到一个也是正红旗的富人、善人的帮助，这个人叫刘寿绵，后来出家为僧，法号宗月。他的一生从富家子弟到佛门大师，最后在抗战中去世。他死的时候，全城有1000多人为他送葬。老舍的学历其实不高，是北京师范学校毕业的，相当于高中或者是中专，所以这也是一个励志典型，你看他学历不高，后来成为世界闻名的作家。

黄：老舍为什么给自己取名叫老舍？跟他姓舒，把这个字拆开成"舍""予"有关系吗？

何：老舍原名舒庆春，字舍予，这个字的确是由他的姓来的，其实就是舍弃自我，为了他人的意思。他取这个字是受到刘寿绵的影响，刘寿绵就是这么一个人，舍己为人，是特别助人为乐的一个人。所以，老舍把自己的字取名叫作"舍予"。而我们都知道，其实北京人称呼人，年轻的就叫人家小李、小张、小王，上了一点年纪就是老李、老张、老王，老舍因为他字舍予，他就管自己叫老舍了。还有一个意思，其实就是老在舍呀。后来就成了约定俗成的了。我们知道老舍先生是姓舒的，新中国成立后，他家里安了电话，他接电话的时候也会说："喂，我是老舍"。

黄：2014年北京曲剧团十周年庆的时候，排演了四部老舍先生大戏《茶馆》《骆驼祥子》《正红旗下》《四世同堂》，为什么他们特别偏爱老舍先生的作品？

何：在老舍先生那个年代，占娱乐业主流地位的其实是我们今天所说的曲艺。老舍先生是旗人，旗人家庭耳濡目染，大家都很喜欢这些。所以，老舍先生会唱京剧，会讲相声，会说快板，演双簧。他曾经给学生上课，讲白居易《长恨歌》的时候，讲着讲着，就讲到了昆曲《长生殿》，还给同学唱了起来。他本身就爱好曲艺，抗战时期，为了做宣传，还专门拜师曲艺艺人，学习大鼓书，所以他对这些就更了解了。新中国成立后，旧段子都不能用了，这些艺人们自己的文化程度不高，就来求老舍给他们写本子。当时有一批人以魏喜奎为主，说我们不能光是曲艺呀，都是散段，我们也弄个剧种，然后他们开始给这个定名，叫做"曲艺剧"。后来老舍先生听了就说，把那个"艺"字去掉，就叫北京"曲剧"。北京曲剧这个名字是老舍取的，这是真正北京的地方戏。而且曲剧的第一个本子《柳树井》是老舍给写的，之后的北京市曲艺团跟老舍渊源匪浅，他们先后改了大概七出戏，都是由老舍作品改编的。

黄：老舍先生跟很多艺人关系不错吧？

何：老舍先生有个特点，他跟下层民众的关系很好。其实艺人在旧社会不入流，什么天桥卖艺的或者唱曲儿的，但老舍都能跟他们打成一片。老舍的名作《骆驼祥子》，大家都知道是写车夫的。老舍跟车夫能混到什么程度，就是大家都觉得他是自己人，不会觉得这是个下来采访的大作家。所以，他写的这个作品才这么贴地气儿，这么生动。

黄：老舍的很多作品当中，能看到北京的很多地方，能给我们介绍一下吗？

尉：老舍的作品有一个特点，他的小说一定要有一个背景，而且这个背景都是真实的。在老舍的作品中，一共有240多个真实的北京的地名、店铺名等。他把自己生活的场景还有自己生活的院子，也搬到了作品中。比如说他出生的小羊圈胡同，被写进了《四世同堂》《正红旗下》《小人物自述》等作品中。小羊圈胡同就在新街口护国寺附近，现在这个地方改名叫"小杨家胡同"。老舍先生是1899年2月3日在那里出生的，周围住的大多都是城市里的贫民。老舍家本来就是非常贫穷，父亲去世后，他的母亲通过给别人做佣工、缝洗衣服拉扯他长大的。老舍在这里住了十四年，度过了他的童年和少年时期，他对小羊圈胡同有着非常深厚的感情，童年的生活也对他产生了很大的影响。比如说老舍作品有一个特点，就是他始终关注下层人的生活，因为他自己就是在这样一个环境中长大的。另外，老舍先生他的作品风格是非常温和宽厚的，因为他太了解为生活所迫的穷人的处境，能够理解他们，并且感同身受。

黄：我们的听众朋友们如果想缅怀老舍先生的，除了去他的故居，还有些什么地方呢？

何：一个就是我们刚才提到的他的出生地——小杨家胡同，其实已经面目全非了。如果看过《四世同堂》的话，可以去那里缅怀一下，看看祁家院子。此外，八宝山革命公墓有老舍先生的墓，大家清明节的时候可以去扫墓。另外，北太平庄那边有个转河主题公园，里面有一组老舍专题背景墙，就是在太平湖附近建立的。

录音材料由老舍纪念馆尉苗整理

北京城市广播《城市文化范儿》
——有范儿逛故居（第三集）

鲁迅大先生的漂泊

（2016 年 4 月 29 日）

主持人：黄　彦　北京城市广播主持人
嘉　宾：黄乔生　北京鲁迅博物馆（新文化运动纪念馆）副馆长、研究员
　　　　刘　晴　北京鲁迅博物馆（新文化运动纪念馆）馆员
编　辑：郝　爽　北京城市广播

主持人黄彦（以下简称黄）：城市文化范儿和您一起追寻城市记忆，有范儿逛故居。今天走近鲁迅故居。他，是鲁迅，生在浙江。今天的城市文化范儿带您一起走进鲁迅故居，感受那庭，那院，那些事。鲁迅先生是我国的文学家，有很高的文学造诣，值得尊重。对于很多人来说，他只是教科书上铅字印刷的一个名字，带人诵读那看不懂的名言警句，但是某些人认为他是个非凡的预言家，用自己的方式看待离开后的世界将要发生的事情，他就是鲁迅。今天我们就带领大家走进这位文人大家的北京故居，去看看鲁迅在那里的文学痕迹，还有生活痕迹。今天我们节目当中邀请到的嘉宾，是由民盟北京市委和北京市文物局共同推荐的北京鲁迅博物馆常务副馆长黄乔生。黄馆长您好，欢迎您来做客。

嘉宾黄乔生：主持人您好（图一）。

黄：还有北京鲁迅博物馆的社会教育老师刘晴，刘老师好。

嘉宾刘晴（以下简称刘）：您好，大家好。

图一　嘉宾黄乔生（左）、刘晴

黄：欢迎二位来到我们的节目现场。其实说到鲁迅，有很多人说他是我们最熟悉的陌生人，因为对于我们这一代人来说，他的很多作品都出现在我们的课本中，而且他也出现在很多的影视作品、话剧舞台中。但是，我们真的了解鲁迅吗？我们到底对他知道多少呢？2016年是鲁迅诞辰135周年，也是他逝世80周年。说到鲁迅，大家对他的赞美之词非常多。我们这档节目聊名人故居，今天就请二位来跟我们聊聊鲁迅故居。鲁迅先生在北京有多少处宅子呢，黄馆长？

黄乔生：鲁迅在北京共住过四个地方，这四个地方原来分别属于西城区和宣武区，现在都属于西城区。第一个是菜市口的绍兴会馆，这相

文化名人与文化景观

当于绍兴的驻京办事处。第二个是西直门内的八道湾，这个住处是周家三兄弟一起集资买的房子，宅院很大，是套三进的四合院。之后鲁迅与他的二弟周作人闹了矛盾，便从那里搬了出来，搬到第三个住处，西四的砖塔胡同，在那里暂时租住了一个地方，很短期的。后来他自己花钱买了一处小宅院，也是他在北京的最后一个住处，即现在的北京鲁迅博物馆院内的鲁迅故居。

黄：这个地方是在西三条21号？

黄乔生：是的，在西城区阜成门内宫门口西三条21号，在阜成门立交桥的东北角，白塔寺的西面。

黄：其实就在二环边上。

黄乔生：是的，就在城墙根。

黄：现在的鲁迅博物馆也是在宫门口西三条21号，对吗？

黄乔生：北京鲁迅博物馆是在阜成门内宫门口二条19号，鲁迅故居在馆内院中。新中国成立后，也存在着设立鲁迅故居的打算。那个时候想将八道湾设为鲁迅故居，但是八道湾是鲁迅与他两个兄弟共同居住的地方。在北京，只有阜成门是鲁迅独资买的房子，当时花了八百大洋。

黄：那还是挺贵的。

黄乔生：当时确实是很贵的，不过现在看来便宜得很了。于是，就在阜成门内设立了鲁迅故居，拆掉了周围的民房。故居目前占地一万多平方米，还是比较大的。很多观众进去一看，觉得原来鲁迅住这么大的地方，实际上里面有一个很小的院子，那才是鲁迅的故居。

黄：八百大洋买的其实就是最核心的那个小院子？

黄乔生：是的，很小，有二三百平方米。

刘：不过观众已经觉得很值了。

黄：那是肯定的，因为里面有很多精彩的展品，展现了鲁迅先生的生平，也有很多有意思的事情，稍后再请二位跟我们仔细介绍。我想请问二位，现在鲁迅故居是可以免费参观的，对吗？

黄乔生：是的，免费参观。

黄：麻烦二位先把参观的时间跟大家说一下。

刘：我馆参观时间是周二到周日，周一闭馆，时间是上午9：00到下午4：00，下午3：30停止入馆。有很多观众打电话咨询参观是否要提前预约，在这里想跟大家说明一下，集体观众需打电话提前预约，个人参观只需带上自己的身份证，到馆刷身份证取票，入馆即可。

黄：所以说北京鲁迅博物馆是可以免费参观的。现在的鲁迅博物馆，也是鲁迅在北京生活的最后一个地方，我想请问二位，他在这里居住多久？

黄乔生：只住了两年多，时间很短。

黄：但是因为是他独资买的，所以产权都在鲁迅的名下。刚才黄馆长说了，这套房子是八百大洋买的，可是我们知道，鲁迅先生过得并不是很宽裕。他买房子那会儿的生活状况是怎样的呢？

刘：其实鲁迅那个时候的生活状态不是特别好，照现在的话说，他也算是一个"北漂"。因为他当时也是一个外地人在北京，他首先就得想到安家的问题。但是在八道湾时，他基本花光了所有的积蓄，而且他还在银行贷了款。

黄：那个时候就已经有房贷了？

刘：对，而且，那个时候的房贷比现在要高很多，利息也非常高。鲁迅在那时的积蓄已经用了很多了，分家时并没有得到太多；他在八道湾的东西也没有拿出来；而且当时教育部欠薪，所以鲁迅那时的经济状况还是有些紧张。这处宅子是鲁迅向他的两个朋友各借了四百大洋买的，直到后来去厦门和广州任教时，他才逐一把这些钱还上。现在看来，阜成门这一带房价很贵，但在当时，那一带房价还是比较便宜的。

黄乔生：因为当时这里是在城墙根，那一带还是比较穷苦的。

刘：对，所以房价比较便宜。当时买的时候，房子还是比较陈旧

文化名人与文化景观

的，买的时候花了八百大洋，装修却花了一千三百大洋。全都是鲁迅画的设计图，就跟现在的家庭装修一样，他也得刨工、刨料，还要去办印花税。他在砖塔胡同居住期间，几乎每天都在为阜成门这套宅子忙碌，所以，这个地方是花了鲁迅先生很多心血的。

黄：所以说要把这里设立为鲁迅故居（北京鲁迅博物馆）。

黄乔生：如果观众到鲁迅博物馆参观，还可以看到鲁迅亲自画的设计图。

黄：鲁迅装修时的设计图？

黄乔生：是的，当时根据他自己的需要，是有一些改造的。比如说，正房的三间后面，他又接出来一小间，作为自己写作和生活的地方，北京人把这样的建筑称为"老虎尾巴"，像一栋房子后面带了个尾巴一样。

黄：这个我们一会儿再详谈，因为有观众留言，想让二位具体介绍老虎尾巴的事情。在这之前，我们先来谈谈这套房子的事情。我们的微信平台有观众留言说，现在北京的三十五中高中部里面也有鲁迅故居，是吗？

黄乔生：是的，这就是我们刚刚提到的，鲁迅兄弟三人共同居住的八道湾11号，是一个很大的三进四合院。这个地方现在是北京市三十五中学，从金融街一带搬到八道湾这里，拆掉了周围的民房，把八道湾11号宅院圈到了学校里面，所以保留了这一处，很不容易。这20多年来，它多次险些被拆掉。后来政府很重视，我们文化界也一直在呼吁，现在保存下来了。我们也一直在同三十五中校方领导协商，怎样才能把这套旧居利用起来。现在我们给它起了个名字，叫"周氏兄弟旧居"，这个是比较准确的叫法。

黄：周氏兄弟旧居，意味着不只是鲁迅自己在此居住过。

黄乔生：是的，因为是周氏三兄弟一起居住，所以这个名字还是比较贴切的。

黄：而且它现在在学校里面，正好也符合他们的气质。

黄乔生：是的，这所学校也可以被当作人文教育基地。但是有点美中不足的是，我们外面的观众如果想要参观，得先与校方联系。我觉得，校方也可以考虑周末对大众开放。这个事情还在进一步协商中。

黄：但是，那边的史料比起北京鲁迅博物馆还是差远了，所以，如果观众想要了解鲁迅在北京的生活情况，最好还是到鲁迅博物馆。

黄乔生：是的，到2016年我们建馆已经60年了，各方面已成规模。

黄：所以您这儿对鲁迅的生活研究得比较透彻。昨天我们聊天时，已经聊到很多有意思的事情。我们先看看网友们都有哪些问题。有一位网友问到，小时候读鲁迅的文章，就觉得他是一个冷静耿直的人，长大以后看了他的一些事迹，觉得他跟很多人合不来，比如您刚才说的，在八道湾他与兄弟闹翻，之后搬了出来。后来他与林语堂等人在文学观点上也有所分歧，不太融洽。是不是鲁迅先生就是一个比较"好斗"的性情中人呢？

黄乔生：鲁迅在很多人的心目中就是这样的形象，因为他有两句诗，上联叫"横眉冷对千夫指"，下联叫"俯首甘为孺子牛"。过去我们过分重视上联，塑造了一个鲁迅"好斗"的形象，实际上鲁迅也有温柔的一面。为大众服务，为儿童服务，为亲人服务，为朋友服务。即便是对他的兄弟，也不都是反目失和的，鲁迅跟他的三弟关系就非常好。实际上，所谓的兄弟失和是与他的二弟周作人，在八道湾因为家庭的经济问题，造成了一些矛盾，后来造成了分离，这个我想也是生活中很正常的。

黄：是的，很多家庭中都会碰到。

黄乔生：是的，但因为发生在名人身上，所以这件事就被放大了，认为鲁迅先生脾气不好。实际上在失和这件事上，是他的弟弟提出决裂的，现在保存的还有一封决裂信。我想这个跟大家的文化心理也有关。

文化名人与文化景观

因为我们在城市的大街上，看到有人亲密，可能不太关注，但是如果有人吵架，那便有人围观了。所以对文化名人也是一样的，大家看到鲁迅跟谁吵架了，比如说顾颉刚、林语堂、高长虹，鲁迅的确与他们发生过矛盾，也有一些言语上的、文章上的冲突，这都是很正常的。

黄：观点不同嘛。

黄乔生：是的，观点不同。这些争论都是正常的，而且也没有达到势不两立、剑拔弩张的程度。鲁迅晚年也说过，虽然我的一生得罪过很多人，但我想说一句话，我一个也不宽恕。为什么他会这样说？因为鲁迅觉得与大家的争论并没有私仇，全是为了公事。观点不同，认为别人的想法有可商榷之处，所以才写文章批驳、论辩，但不是为了个人的私怨而与他们结仇。

黄：我觉得鲁迅也是个很可爱的人啊。

刘：我们现在流行的都是鲁迅所谓"骂"别人的文章，实际上，如果看了鲁迅论敌的文章，就会发现，论敌的文章比鲁迅说得更过分。尤其是对年轻人，他可能写了三篇或四篇文章了，鲁迅才站出来回应。所以对年轻人，他是足够忍让的。

黄：说到文章，鲁迅的创作力一直很旺盛，很多文章都是走到哪儿写到哪儿，创作一直没有停止过。所以我们也很好奇，现在鲁迅博物馆所在地的西三条21号，鲁迅在这里创作了哪些我们耳熟能详的作品呢？

黄乔生：鲁迅是在北京成名的，北京也是成就了他一生文学事业的主要地方，他在此创作了《呐喊》《彷徨》《野草》等著名的文集。在八道湾11号，他创作了《阿Q正传》《故乡》这样的名篇。所以八道湾也很重要，因为这里是鲁迅《阿Q正传》的诞生地。但是在八道湾，兄弟失和后，鲁迅有一个时期陷入了极度的苦闷、悲伤中。住在西三条21号后，他在这种悲苦的状态中创作了一系列的作品，像我们现在看到的《彷徨》中的《伤逝》《孤独者》，还有《野草》里的一些篇章，其中有一篇大家比较熟悉《秋夜》，还有《墓碣文》《这样的战士》这样的名篇,现在都选入在中学生的课本中。鲁迅说,《彷徨》这本小说的艺术性是最高的。在这种极度苦闷当中,他在回味在咀嚼痛苦的经历,因此写出来的小说非常感人。比如写男女青年结合后分离的,这篇文章叫《伤逝》,有人说这是鲁迅唯一一篇描写男女之情的小说。但是他的弟弟,就是与他失和的那位二弟周作人,对此文专门有一个解说,说这篇文章写的不是男女之情,而是鲁迅借着男女结合后的分离来描写我们兄弟失和的悲伤。这也给研究界的学者提出一个难题,怎么会用男女之情表现弟兄情谊。

黄:是不是跟他当时的心情有关系?

黄乔生:对的,当时鲁迅的心情就是对人生抱有一个悲观的情绪。所以,在阜成门鲁迅故居里,他走过了人生最难熬、最绝望的低谷期。后来他又从绝望的低谷中,慢慢地向上爬升。也是在这个地方,鲁迅得到了自己一生的爱情——许广平,如果不是得到这个爱情,我想鲁迅一生要走向毁灭。所以,在《野草》中有一篇《影的告别》和另一篇《死火》,他通过《死火》表现自己很可能被烧完或者被冻灭,他当时就是那样一种状态。

黄:这就让我们对鲁迅故居更加好奇了。二位先跟我们介绍一下鲁迅故居是什么样子的,虽然从图片上可以看到,但是我们也很希望二位通过语言给收音机前的朋友们介绍一下。

刘:好的。其实鲁迅故居是一个特别小的四合院,对老北京的普通居民的四合院感兴趣的朋友,我推荐他们一定要去鲁迅博物馆。因为我们现在的名人故居和保存下来的好的宅子,通常都是达官显贵、富商的宅子,但鲁迅的宅子的确是一个十分简朴的四合院。他的邻居都是木匠、瓦匠这类人。所以,如果它不是鲁迅住过的宅院,也许早已面目全非、破破烂烂了。而且,这个宅子是由三间南房、三间北房、东西各两小间厢房构成。

黄:麻雀虽小、五脏俱全的四合院啊。

刘：对的，甚至刚刚提到的"老虎尾巴"，实际上也是老北京的一种建筑形式。过去老北京人房子不够住，就得往外接出一间。我们现在也有往前接小房子，他们那时是往后接，就像老虎长尾巴一样，就叫"老虎尾巴"。因为是接出来的，建筑材料都比较差，所以鲁迅又称之为"我的灰棚"。他都不说是房子，而是棚。这个其实也是我们老北京违建建筑的标本，一般向后接的房子都不会保留，因为这是鲁迅接的，所以保留下来，也能看出老北京人生活的智慧。

黄：他这间屋子接出来是做什么用呢？

刘：是鲁迅的卧室兼工作室。

黄：那几间南房不做卧室吗？

刘：南房是作为客房的。北面三间房子向东的这一间是鲁迅的母亲住，向西这间是他的原配朱安女士住。鲁迅和朱安处于分居的状态，因为他们两个的婚姻是封建包办的。鲁迅说："这是我母亲送给我的一件礼物，我只有好好的供养她，爱情是我所不知道的。"关于两个人的关系，我们在西三条21号里能看到他们婚姻的唯一见证，就是在他们的堂屋里有个柳条箱，这个柳条箱平常打开盖，朱安会把干净的衣服洗好了叠放在箱底，鲁迅是把脏衣服放在箱盖上。

黄：两个人都不说话，都是通过箱子来默默地交接。

刘：对，所以这个箱子反而成为他们婚姻的唯一见证。鲁迅也说过，女方并没有错，我只是陪着一世的牺牲来完结四千年的旧账。在这种情况下，鲁迅称自己为独身。所以他说，独身的生活不能常往安逸的地方想，我们可以看到，"老虎尾巴"里的陈设十分简陋，他的床其实就是两个长凳组合起来，上面搭了一块铺板，如果体重稍微重一点，我觉得都可能会塌。

黄：看来鲁迅是一个瘦弱的人。

刘：是的。

黄：其实这套房子住了不少人，他的母亲住在北房东头的那一间，北房的西屋是他的原配朱安女士住的,东厢房还有女工住的地方,西厢房那时候是厨房,南屋是会客室兼藏书室还有客房。鲁迅自己住的是搭出来的"老虎尾巴"。关于送给听众的奖品,能不能跟我们说一下它的特别之处。

黄乔生:好的。我们送的奖品一个是《鲁迅箴言》,就是从鲁迅的著作中摘出来的名言警句,是由三联书店出版的,里面有三百多条,观众朋友们可以每天研究一条,正好一年。另外一本更要有价值一些,它是内部印行的小册子,其实是个笔记本,里面印了一些馆藏的美术作品。因为鲁迅是中国新文化的杰出代表,从他逝世迄今已经有80年了,影响很大。每个时期的著名画家都画过鲁迅,尤其是在五六十年代,也有很多大师级别的人物画过鲁迅,比如徐悲鸿、李可染、吴冠中。我们把馆藏的作品印在笔记本中,有的是肖像,有的是鲁迅家乡的风景,有的是鲁迅作品中的人物。这些都是价值不菲的。鲁迅文章中"有一株是枣树,另一株也是枣树"为大家所熟知。很多来鲁迅博物馆参观的人会问,那两棵枣树在哪里。很多人说鲁迅这两句话有点啰唆,在重复自己。但老师给大家解释了,说这是表达鲁迅寂寞的心情,看一棵树又看一棵树,是在百无聊赖中看到的景象。现在这两棵树已经消失了,所以观众朋友们到了之后,听到我们的讲解也都很遗憾。我们现在也在想办法补种这两棵树,但在北京补种这两棵树是很困难的,因为枣树会患一种病,很容易死掉。

刘:叫枣疯病,就是枣树的一种癌症。非常不好养。

黄乔生:是的,所以我们也想在适当的时候,在鲁迅后院墙外处,种两棵树。他文中描写的也是自己坐在"老虎尾巴"中,透过北窗向墙外看,就看到了这两株树。而丁香树呢,是在他的院中种的,长势很好,非常茂盛。我们现在也没有办法去修剪,因为怕损伤这两棵树,所以这还需要跟园林局去协调。

刘:而且这也是鲁迅旧居的奇景了,可能在别的地方也能看到明清

文化名人与文化景观

时期的丁香。您绝对看不到丁香茂盛到可以遮阴，而鲁迅旧居的丁香是可以遮阴的，它是遮了整个前院。

黄：那现在丁香在开花吗？

刘老师：非常可惜，丁香的花期刚刚过去。所以我建议，观众朋友们在4月份一定要走进鲁迅博物馆。因为其实丁香是一个很诗意的存在，"丁香最解雨中愁"，戴望舒也有过《雨巷》。

黄：丁香一样的结着愁怨的姑娘。

刘：是的。为什么说丁香最解雨中愁呢。因为丁香原本就特别香，下雨的时候，丁香花就会随着雨水滑落，花香伴随着雨的清香，有一种特别的诗意。这种景象在鲁迅博物馆能看到的。而在晴天时，风吹丁香落又是另一番美景。所以，我们馆将4月定为鲁迅纪念月，一是因为清明节，二是因为丁香。因为它有赏春踏青之意。比如我们前几天就做了一个活动，先是收集丁香花，把它做成干花。然后组织学生把做好的干花装饰在鲁迅手记诗笺上，效果非常好。诗意的花与作家手记的结合，再加上花也是鲁迅先生手植的，组合在一起，分外诗意。我们还有一个活动叫"丁香花海诵鲁迅"，组织同学们在小院中坐着，看着丁香花的飘落，闻着丁香的花香，然后去诵读鲁迅的作品。

黄：听您的描述，我感觉现在都已经闻到丁香花的香味了。

刘：是的。我们可能要在此夸一下口吧，这是北京最高的两棵丁香了。因为他的院子比较窄，不可往外长，丁香为了争夺阳光，只有拼命地往上长。所以如果远远地看鲁迅故居，首先看到的就是院中的两株丁香树。

黄：那非常遗憾丁香已经开过了，五一小长假期间，鲁迅博物馆正常开馆吗？大家在假期去看，还能看到什么花？

刘：还能看到鲁迅手植的黄刺梅，在后院，特别的灿烂。一簇簇的灿烂的黄色，非常漂亮。鲁迅本人是非常喜欢植物的，他还当过日本植物学教员的翻译，小说呢他也看过《花镜》。他对植物还是比较有研究的，所以他特别爱种花种树，后院还有他种的花椒树。

黄：花椒树？能结出花椒吗？

刘：可以的。他种什么都种得特别好。所以4月和5月是鲁迅旧居繁花似锦的时候，也是一年当中最好的时节。

黄乔生：建议观众4月份去赏花，秋天去吃枣。站在院子里，掉下来的枣都可以吃。

黄：您不是说枣树已经没有了吗？

黄乔生：他邻居院子还有一棵，长得非常大，树枝已经长到鲁迅的院中，结的枣也是在鲁迅故居的院中可以吃到的。

刘：鲁迅故居的院中也有一棵枣树，但不是鲁迅种的，是在他搬进来之前就有的。那棵枣树也是非常久了，所以进到院中，低头随处可捡到枣。

黄：去参观也可以随便捡吗？

刘：是的，随便捡。而且那个枣是没有农药的，擦去土就可以吃。所以2003年闹"非典"（SARS），鲁迅故居不对外参观。后来好不容易开放了，我们请周围的邻居去参观，但大家都争先恐后地去捡枣。当然，一边吃着枣一边去想《秋夜》也挺好的。

黄：我觉得真是不错，属于待开发项目。一边参观故居，春天赏花，秋天品枣，很有诗意的生活，真是一大美事。看得出来，鲁迅这样的文人是非常有个性的。其实鲁迅在这里生活的时间不长，但他在北京生活了很多年，他在北京留下过很多痕迹。昨天刘晴老师也给我讲了很多有意思的事情，比如鲁迅爱吃什么。

刘：是的，其实这都是有史料记载的。鲁迅的好友许寿裳说，鲁迅有一首诗叫《我的失恋》，回赠了对方四件东西，那四件东西也是他在生活中特别喜欢的，其中一个就提到了北京的一种小吃，您可以猜猜是什么小吃。

黄：北京的小吃？

刘：酸酸甜甜的。

黄：酸酸甜甜的？是不是冰糖葫芦？

刘：就是冰糖葫芦。

黄：真的？

刘：鲁迅特别爱吃冰糖葫芦。而且他特别爱吃甜的，他当时也经常去"稻香村"这样的老字号去买点心。而且他在买点心方面还是有点小讲究、小狡猾的。比如说，来访的人是男女有别的，如果是男生，就给花生吃；是女生，就给点心吃，您也可以猜猜是为什么。

黄：这是为什么啊？这我还真想不到。

刘：因为男生太能吃了，所以很多男生来的话，点心是不够吃的，只能给他们吃花生。而女生吃得少，又矜持，所以他的点心能省下来了。而且我们现在去看鲁迅旧居，在鲁迅住的房间有一个架子，上面摆了一个小铁罐，不是特别大，他每次买完点心，总是先让他的母亲挑选，其次让朱安进行挑选，最后留给自己食用。其实鲁迅是一个大孝子。而且吃的时候也挺不注意的，因为鲁迅的牙不是特别好。

黄：爱吃甜食的人，牙都不是特别好。

刘：对，他日记中记载第一天吃甜的，第二天去看牙，第三天又吃甜的。有一点我是特别羡慕鲁迅先生的，怎么吃都不胖。

黄：是的，这点大家都很羡慕。您这样说来，鲁迅喜欢稻香村的点心，那他在北京时都去哪里逛呢？

刘：他最喜欢逛的一条街就是琉璃厂。

黄：看来很多文化名人都喜欢那个地方，来做节目的几个人都说过，像郭沫若，也喜欢逛琉璃厂。

黄乔生：但鲁迅并不是闲逛，这跟他的学问有关系，跟他的爱好也有关。他研究金石拓片，就利用业余时间，下班后或者利用周末时间，去琉璃厂买拓片和旧书。据鲁迅的日记记载，琉璃厂是他在北京去过次数做多的地方。至于其他的地方，鲁迅并不喜欢逛公园，他在杭州的时候，西湖都不怎么去。在北京，也就是去中山公园的来今雨轩聚会一下。鲁迅在北京是教育部的官员，当时负责社会教育，而社会教育里有一项工作就是开辟公园。像动物园、植物园这类供大家参观的场所，其实也是一种教育方式。他是负责这项工作的，所以有时不得不去看看天坛这些地方。

刘：而且他三次去逛动物园都是陪别人去的。

黄：他不怎么逛风景？

刘：鲁迅认为的公园都是进门后左边一条道，右边一条道，这就是他心目中的公园。我们现在总结，好像公园就是这样的。而且鲁迅日记里也有记载，他共去琉璃厂384次。

黄：看来他是特别喜欢琉璃厂。我们之前也做过一期节目，现在中国美术馆正在做一个鲁迅的展览。他对于拓本的流传做了很多的工作。

黄乔生：是的，还有汉画像、六朝的墓志等。

刘：还有笺谱。

黄：逛琉璃厂也是为了搜集这方面的资料，对吗？

黄乔生：对的。

黄：那么回到故居中，还有什么值得大家注意的地方吗？之前也说过，鲁迅是在这里与许广平相恋的，对吗？

黄乔生：是的。

黄：这套房子在博物馆中也能看到？

刘：他跟许广平在这个地方只是相恋，许广平当时并没有住在这里。当时是由于女师大风潮，许广平也是女师大的学生，遭受军阀迫害，那个时候很多的学生没有地方去，学校也不让他们进，也没有家里边的人收留。那个时候鲁迅就说，可以在他那里暂住，许广平和她的同学暂时住过鲁迅故居的客房。当时两人只是确立恋爱关系，并没有住在一起。

黄：关于鲁迅先生，有很多有意思的故事，还需要大家亲自去鲁迅博物馆，自己去参观体验。最后还是请两位跟我们说一下鲁迅博物馆值得我们去看的东西。

黄乔生：我们介绍得不好，还是希望大家亲自去看一下。到"老虎尾巴"，还可以看到藤野先生的照片，还有鲁迅收藏的一些作品，挂在他的墙上。他后院的一口井，大家都是比较感兴趣的，可以去看看。

黄：有时间大家都去看一看。同时也非常感谢二位到我们节目当中做客。

录音材料由北京鲁迅博物馆（北京新文化运动纪念馆）

张健群整理

北京城市广播《城市文化范儿》

——有范儿逛故居（第四集）

徐悲鸿的传奇人生

（2016年5月6日）

主持人：黄　彦　北京城市广播主持人
嘉　宾：徐　骥　徐悲鸿纪念馆展览典藏部主任
编　辑：章　维　北京城市广播

主持人黄彦（以下简称黄）：国画史上徐悲鸿留下了浓墨重彩的一笔，他一生创作无数，还和两位女性有着可歌可泣的爱情故事，今天我们要和大家说说徐悲鸿的传奇人生。我们先来关注两条关于徐悲鸿的消息。最近，《大师与重器》千万藏品特展在福州开幕，据了解，这次展览汇集了齐白石、徐悲鸿、吴冠中等多位大师的作品，吸引了众多收藏爱好者。由北京市曲剧团创排的大型北京曲剧——现代戏《徐悲鸿》，经过一个多月的紧张排练，已经进入收尾阶段，北京曲剧《徐悲鸿》将从5月开始，在天桥剧场进行三轮演出。来到我们直播间的是徐悲鸿纪念馆展览典藏部主任——徐悲鸿之孙，画家徐骥先生，您是第一位来直播间的徐悲鸿的家人，我们感到非常荣幸。从您的名字可以看出，这个"骥"字是老骥伏枥的"骥"字。

嘉宾徐骥（以下简称徐）：大家可以分开想想，这个字左边是马字边,马就是奔马;右边是"冀",是希望的意思。合起来,就是奔马向希望之地前进(图一)。

图一 嘉宾徐骥

黄:您的名字是向爷爷致敬吗?

徐:也是一种自己在艺术上追求的方向。

黄:这么理解您的名字,就能深刻地记住了,家族的传承可以体现在名字上。徐悲鸿纪念馆据说不止一处。

徐:对,除了北京之外,在徐悲鸿的故乡——江苏宜兴还有一处。在南京也有一处,是他在中央大学任教时期的住宅,起命"危巢"。在重庆磐溪也有一处；还有桂林的阳朔，都有故居保留下来。

宜兴的徐悲鸿故居因为修整运河，已经迁移了地址。北京的故居因为地铁建设，于 1966 年拆除。现在的北京徐悲鸿纪念馆，位于西城区新街口北大街 53 号，1983 年建成开馆。

黄：徐骥没有见过爷爷吧？徐悲鸿去世的时候，您的父亲年纪还很小。所以，您对爷爷的印象，更多是听奶奶和父亲说起。但是家族的血脉传承，您可能从家庭中点滴感受到他的存在。您在故居住过吗？

徐：爷爷是 1953 年去世，当时父亲只有 7 岁。我没有在徐悲鸿故居住过，父亲居住过。1953 年 9 月徐悲鸿去世后，第二天，我奶奶廖静文把所有房子的钥匙交给当时的文化部部长沈雁冰先生。1954 年，这个宅院更名为"悲鸿故居"，匾额由周恩来总理亲笔题写。经过三年的改造和扩建，1957 年，更名为"徐悲鸿纪念馆"，廖静文奶奶为第一任馆长。她从 1957 年到 2015 年去世，是中国任期最长的博物馆馆长，任职 62 年。1966 年故居拆除后，在周恩来总理的关怀下，1973 年，在新街口重建徐悲鸿纪念馆。在各方的努力下，十年后，1983 年，新馆开幕。2012 年，由于徐悲鸿纪念馆设施陈旧，展厅面积有限，启动了新馆的改扩建工程，新馆预计 2017 年年底开放。展厅面积扩大 3 倍，由 3000 多平方米扩大到 11000 多平方米。新馆展厅从原来的二层变成四层，一层是故居的复原，展示包括徐悲鸿故居的变迁，他的私人印章、信札手记，从欧洲带回的雕塑等物品，还有他自己用过的画具。并且复原了他家中的画室。他的许多代表作品如《保卫世界和平大会》《毛主席在人民中》等，都是在这个画室创作的。第二、三层展示徐悲鸿的绘画作品，第四层展示他的收藏作品。

黄：徐悲鸿在原来的北京故居住过多久呢？

徐：1946 年，南京政府教育部任命我爷爷为北平艺专校长，直到 1953 年去世，一共在北京故居住了 7 年时间。

黄：家人用这个故居做纪念馆也是为了怀念他？

徐：我爷爷从来不留积蓄，他把所有的钱都用来购买古籍、书画以及资助他赏识的学生，在北京东受禄街的房子，是他为自己购买的唯一的产业。徐悲鸿去世后，徐夫人廖静文把他1200多幅作品以及他收藏的唐、宋、元、明、清的1000多幅作品，包括10000多件古籍碑帖、图书资料，全部无偿捐献给国家。

黄：在将来的徐悲鸿纪念馆，我们可以看到徐悲鸿的部分画作和他的故居复原展览，所以，我们很期待徐骥一会儿给我们介绍一下徐悲鸿纪念馆的情况。另外，同为生活在北京的人，我们也很想知道，徐悲鸿在北京的哪些角落留下过痕迹；我们去到哪些地方，也能感同身受他当年的情境。另外，您给我们介绍一下大概的徐悲鸿的成长经历。

徐：我的祖父徐悲鸿祖籍江苏宜兴，原名叫徐寿康，他的父亲徐达章是当地著名的画师，并且精通篆刻。徐悲鸿是家中长子，下面还有弟妹，一共5人。因为家庭的经济压力，作为家中长子的徐悲鸿，从小帮助家里干农活，给地主放牛，以至于他成为画家后，画了很多跟放牛有关、表现田园生活的作品，如《牧童》《村歌》等，都是他童年的珍贵回忆。徐悲鸿从小便在劳作之余，画身边的家禽牲畜。开始徐达章认为，绘画辛苦，需要恒心，而且没什么前途，并不主张儿子学画。徐悲鸿9岁的时候，有人来拜访徐达章，但是他外出了。回来后，徐达章问年幼的徐悲鸿家中谁来过，徐悲鸿寥寥数笔，把来人的形象画在手上，由此徐达章发现了徐悲鸿惊人的观察力和绘画天赋，他才开始正式教授他绘画。徐悲鸿10岁时，随徐达章乘船出门，看到江景随即赋诗一首："春水绿弥漫，春山秀色含。一帆风信好，舟过万重峦。"这也表现出了徐悲鸿的传统文化内涵。18岁时，他画了一张传统戏剧人物《时迁偷鸡》，获得了上海《时事画报》二等奖，有了这个奖项的鼓励，徐悲鸿在绘画上信心倍增。

黄：徐悲鸿先生老家在江苏宜兴，后来怎么到北京的？

徐：徐悲鸿来过北京三次，两短一长。1917年他第一次来北京，是受恩师康有为的推荐，寻求赴法国留学的机会。在康有为的推荐下，他认识了当时的北京大学校长蔡元培和教育总长傅增湘。蔡元培先生慧眼识珠，赏识徐悲鸿的才华，聘请只有23岁的徐悲鸿为北京大学画法研究会导师。后来徐悲鸿又结识了北京画坛的领军人物陈师曾先生、京剧名家梅兰芳先生，他与好友一同在北京游历观光、交流互动。徐悲鸿为梅兰芳先生创作的《天女散花图》，现在还保存在北京梅兰芳纪念馆。

徐悲鸿第二次来北京是1928年。经过8年的欧洲刻苦留学，徐悲鸿成为中国画坛的一颗新星。他受邀担任北平大学艺术学院院长一职，随即开展教学改革，聘任有能力的教师到学校任课。徐悲鸿"三请齐白石"到学校教课，成为美术史上一段佳话。齐白石当时是最老的"北漂"，靠卖画维生，徐悲鸿赏识他的才华，亲自登门，坐着马车来接他到学校上课，并陪着他，一直到课后把他送回家。因为顽固的守旧势力，北平大学的教育改革失败，徐悲鸿第二年便辞去职务，返回南京。

第三次是1946年，受教育部部长朱家骅委派，徐悲鸿担任国立北平艺术专科学校校长一职。这一次，徐悲鸿成功地实践了自己的教育革新，教师队伍主力启用了在中央大学时期和中国艺术研究院时期的大批学生，包括傅抱石、李可染、吴作人、齐白石等先生。这批学者教师将新的艺术精神贯彻到教学活动中，成功地完成了这次美术教育改革。

黄：徐悲鸿在北京生活的这最后7年中，可以说，这座城市很多地方也留下了他的足迹。

徐：一般人都知道，徐悲鸿是一个画家，其实他还是一个收藏家。他最爱去的两个地方，一个是琉璃厂，另一个是东安商场的和平画店。因为琉璃厂的画店知道徐悲鸿酷爱收藏，所以，画店的人每次拿到好画，都去徐悲鸿家门口等着。徐悲鸿爱画如命，只要是好作品，从来不还价，所以，这些画商特别喜欢卖画给他，并且保持了多年的交情。徐悲鸿是一个高产的画家，他的作品固定送到琉璃厂的一个装裱店装裱。后来，他认识了当时还是小学徒的刘金涛师傅，刘金涛凭借精湛的裱画技艺、机灵的头脑，成为徐悲鸿的专用裱画师，两人也建立了深厚的友谊。刘金涛师傅后来想自己开一间裱画店，但苦于手头没有资金。徐悲鸿知道后，召集了一众画家好友，有李可染、齐白石等北平的几个美术大家，一起吃饭，饭后徐悲鸿提议，每人作画一张送给刘金涛，卖画所得作为他开店的资金。刘金涛顺利开了自己的裱画商店，徐悲鸿亲题匾额"金涛斋"，迄今仍在营业。

黄：为什么徐悲鸿先生喜欢画马？

徐：徐悲鸿最喜欢画的几种动物有猫、狮子、马、牛等。他在法国留学期间，周末最喜欢去动物园画动物，画狮子，有时候还会去农场画马。1940年，徐悲鸿应泰戈尔邀请去印度访问，在喜马拉雅山的大吉岭，他骑马旅行，每日与马朝夕相处，有三四个月之久。从此他画马更加奔放，充满感情色彩。徐悲鸿画马与古人不同。古代韩干、李公麟等名家画马，一般为工笔画法，表现了宫廷马的肥硕、雍容华贵。徐悲鸿不重视马的精细皮毛，更加重视马的内在气质——奔放不羁。他笔下的马，马腿都很长，胸肌壮硕，鼻孔开阔，他要表现的是自由奔放、驰骋千里的野马、战马，而不是贵族圈养的宫廷马。

黄：徐悲鸿那么喜欢马，会养马吗？

徐：确实有人送了他一匹马，他把马放在北平艺专饲养。但是养马的成本非常高，除了喂食草料，还要定期洗澡、遛马，徐悲鸿实在没有精力照顾它，又把它还给了这个朋友。齐白石先生为了画虾，在家里养了虾，所以，徐悲鸿后来为了画猫，在家也养了9只猫。猫比马好照顾多了，晚年他画了很多猫的作品。

另外普及一下，市面上很多号称徐悲鸿的《八骏图》都是他人伪做的，也许是因为国人太喜欢8这个数字了。我馆收藏的徐悲鸿画的最多的马，就是《六骏图》，好多伪作都是在这幅六骏的基础上，又增加了两匹其他的马。这幅《六骏图》，是画家用线条和墨块的简练挥发来反映运动中的马群，画面中以3匹马为核心，传达着无坚不摧的力量，马与马之间的关系也是疏密有致、空间饱满，显示出一往无前的磅礴气势。徐悲鸿学过西画，他把西方科学的解剖透视融入马的创作中，运用颜色轻重浓淡区分马的主次，六匹马形态各异，体态优美。最主要位置的马，画家运用重墨和高光还有留白，来处理马的结构关系；位于最后位置的马虽然只有寥寥数笔，也能让人感受到马的力量和形态。这是目前为止发现的徐悲鸿画的马最多的一幅作品。

黄：除了徐悲鸿纪念馆，还有哪里保存徐悲鸿作品比较多？

徐：除了徐悲鸿纪念馆的1000多幅徐悲鸿作品，在东南亚还有几百幅徐悲鸿的作品。因为抗日战争期间，从1939年到1942年，徐悲鸿在南洋的新加坡、马来西亚的槟城、吉隆坡等地，举办了7次展览，为国内战争遗孤筹款。当时有报道，共筹得款项约10万美元。可能大家现在看来觉得不多，但是，当时美国一辆轿车的价格大约300美元。所以，这笔善款折合成现在的人民币，有6000万—8000万元。1942年东南亚沦陷后，支持抗战的徐悲鸿受到日本侵略者的通缉，他匆忙坐船，从新加坡返回国内，很多画作无法带走，便藏到新加坡一所小学的枯井中。战后这批画作被找回，但是约40幅油画作品不见踪影，成为一桩悬案。

黄：很多听众表示，徐悲鸿的爱情故事多次被拍成电视剧，很传奇，请您讲述一下。

徐：我简单讲述一下我爷爷徐悲鸿和我奶奶廖静文相识的故事吧，1942年廖静文在长沙读书，她希望成为像居里夫人那样的化学家，后来由于战争，颠沛流离到广西桂林。此时重庆的中国美术学院筹备处在桂林招聘图书管理员，廖静文正好要找工作，便去应聘。录取后，作为图书管理员的廖静文工作认真努力，得到了当时身为中国美术学院院长的徐悲鸿的赏识。廖静文对闻名全国的大画家徐悲鸿钦佩已久，在朝夕

文化名人与文化景观

相处的共同工作学习中，两人产生了感情。1945年，两人在重庆结婚。当时条件非常艰苦，廖静文欣赏徐悲鸿的才华，并不在意困苦的物质生活，后来每次回忆在重庆的这段时光，她总是觉得快乐和美好。后来徐悲鸿突发肾炎，家中没有钱医治，徐悲鸿的收入基本用在了买画上，廖静文只好到处去借，勉强交上住院费。1953年徐悲鸿去世，廖静文奶奶只有30岁，这份爱情她守候了一生。踽踽独行，六十二载，斯人已逝，唯有廖静文。

黄：您是徐悲鸿大师的后人，您谈谈他留下的家风、理念对您家人的影响。

徐：从曾祖父徐达章开始，家风已开始形成并传承。徐达章有一幅画作叫《松荫课子图》，表现的是达章公为年幼的徐悲鸿上课的场景。画上题写的一首诗作，便能看出家风的渊源："荏苒青春三七年，平安两字谢苍天。无才济世怀渐甚，书画徒将砚作田。平生淡泊是天真，木石同居养性情。切愿康儿勤学问，读书务本励躬行。求人莫若求诸己，自画松荫课子图。落落襟怀难写处，风光霁月学糊涂。白云留在出山心，水秀峰青卧此身。琴剑自娱还自砺，寸心千古永怀真。"诗中有一句"读书务本励躬行"，这句就是我们的立家之本，也算是家风。做人要以读书为志向，做人要本分，做事要躬下身子，谦虚努力，对人生的追求表现为以木头、石头为友，以自然为师，画和谐之美。这幅画创作于1905年，可谓是百年家训了。

黄：徐悲鸿先生对你们影响比较深，作为教育家的徐悲鸿也影响了许多学生，您谈谈他在教育方面的理念。

徐：徐悲鸿去法国留学有一个追求，就是改革中国绘画的颓势。他提出："古法之佳者，守之；垂绝者，继之；不佳者，改之；未足者，增之；西方画之可采入者，融之。"保留好的中国绘画传统，不足之处应该引进西方的科学知识改进，我们找到他1920年考入巴黎美院的学籍卡，成绩单。许多科目成绩优异，获得免考资格。他有9幅作品入选法国的沙龙美展，这是对外籍画家的最大奖励和认可。由此证明，他是凭借自己的真才实学考入学校的。他的油画融入了中国画的写意表现手法，国画也加入了西方的素描透视解剖关系，真正实现了中西绘画融会贯通。

徐悲鸿在西方受到这样的教育，所以他回到中国后，开始自己的美术教育，他也很希望他的学生们能够拥有这样的融会中西的技法。后来，他资助傅抱石去日本留学，吴作人去比利时留学，雕塑家王临乙去了法国，他们都是在徐悲鸿的帮助下，完成了中西两方面的艺术学习之路。吴作人在徐悲鸿去世后，担任了中央美术学院院长，继续传承发展了徐悲鸿的教育理念和艺术思想，一直延续至今。

黄：当初您的奶奶廖静文女士捐献了这么多的藏品，现在如何保存也是个问题？

徐：徐悲鸿纪念馆1983年建馆后，1992年进行了硬件设施的升级改造，在文物库房和展厅展柜内加装了恒温恒湿设备，算是北京第一家具有恒温恒湿藏品库房的博物馆。对纸质文物保存的温、湿度是有严格要求的，温度控制在16℃—18℃之间，湿度为50%—55%之间。

黄：我们知道除了画作的保管，徐骥还致力于油画的保护和修复研究。

徐：徐悲鸿纪念馆的油画很多已经有百年历史，油画表面的光油层、内框都有损坏。从1999年开始，我们利用国家拨下来的修复经费，聘请法国卢浮宫的修复专家，逐步修复我馆的油画作品。因为徐悲鸿的作品从技法到材料都是来源于法国的艺术学院，所以，由法国的专家团队来进行修复是最佳的。从1999年到2009年，一共修复了徐悲鸿的重要油画作品30多件。因为我本身是学习油画专业出身，有绘画基础，所以，与法国专家一起参与到修复工作中。馆藏大型油画作品如《愚公移山》《田横五百士》等，都是由我和法国专家共同修复完成的。去年我参加了国家文物局举办的第一届绘画修复班。今后，我们还将与法国专家合作，继续修复我馆收藏的徐悲鸿油画作品。我馆有一幅最大的油画作品叫《毛主席在人民中》，由于损坏严重，一直没有机会展出。我们希望新馆开馆后，尽快修复这幅作品，使其早日同广大观众见面。最后，希望广大听众在徐悲鸿纪念馆新馆开馆后去参观，多给我们提意见。

录音材料由徐悲鸿纪念馆武川整理

北京城市广播《城市文化范儿》
——有范儿逛故居（第五集）

茅盾最后六年的人生

（2016年5月13日）

主持人：黄　彦　北京城市广播主持人
嘉　宾：郭丽娜　茅盾故居主任
　　　　北　塔　茅盾故居研究员
编　辑：郝　爽　北京城市广播

主持人黄彦（以下简称黄）：今天的城市文化范儿要跟大家说说茅盾的故居，现在两位嘉宾已经来到了我们的节目当中，一位是由民盟北京市委和北京市文物局共同推荐的茅盾故居的主任郭丽娜。另一位是茅盾故居的研究员，也是著名诗人徐伟锋，可能说您的笔名"北塔"，更多的朋友会比较熟悉。今天二位来跟我们说一说茅盾的故居，之前我们也跟大家介绍过像老舍的故居啊，郭沫若的故居啊，还有曹雪芹故居，等等。名人的故居通常不止一处。他们一般出生在一个地方，但在不同的地方生活。所以我也特别想知道，郭主任先跟我们说说，茅盾的故居在全国有几个地方呢？

嘉宾郭丽娜（以下简称郭）：茅盾的故居在全国有两处，一个是在浙江桐乡乌镇，一个是在北京。乌镇那一处是出生地（图一）。

黄：北京这个茅盾故居实际上住的时间不是特别长，六年多，不到七年。

郭：是的，在这之前，茅盾住在文化部宿舍院的小楼里，1974年12月才搬到现在的故居。

黄：哦，原来住的是宿舍类的，是吗？

郭：不，是文化部家属院里面的三栋小楼中的一栋。

嘉宾北塔（以下简称北）：郭主任，我稍微补充一下。故居主要有两种，一个是曾经住过的地方，另外一个是现在挂牌、正式开放的作为文物点的地方。茅盾住过的地方很多，比方说他年轻的时候读书，在嘉兴、湖州、杭州、北京住过。他念的是北大预科，老北大那个地方他也住过。他后来辗转上海、广州、武汉、新疆，包括延安，很多地方都去过，有的房子还留着，还能找到。尤其是上海，那儿有一条街叫多伦路，也叫"文化名人街"。茅盾在上海住的时间很长，后来鲁迅也搬到附近，两家和其他一些文化名人住得比较近。现在上海市政府集中把他们的故居保留起来，实际上也是开放的。

黄：但是都没有咱们北京的茅盾故居住的时间长，或者展品没有这么丰富，是吧？

北：对。

黄：咱们的北京茅盾故居是在后圆恩寺13号，郭主任给大家介绍一下，这是一个很温馨的四合院。其实说到后圆恩寺，好多人不知道，请您说一下它的大致范围。

郭：北京的茅盾故居是一个普通的四合院，占地面积850.7平方米。建筑面积572.6平方米，建筑性质为砖木结构。前庭院有正房、左厢房、右厢房等。左厢房是原来的会客室，其他的分别住着家人和工作人员。后院是茅盾的卧室兼起居室，也是他晚年主要的活动场所。茅盾故居对外开放以后，除了卧室、起居室和书房原状陈列外，我们又将前院的正房、右厢房和倒座房改成了三个陈列室，展示茅盾的生平。

图一　嘉宾郭丽娜（右）、北塔（徐伟锋）

黄：茅盾就是在这里走过了人生最后六年多的时间，而且在这里写出了《我走过的道路》这本书。茅盾住在这儿的时候他已经退休了，他的妻子也病逝了。刚才我说想让您介绍一下，后圆恩寺这个地方到底在哪儿，它距离哪儿比较近？

北：这个地方现在属于东城区，在交道口街道办事处附近。说一个比较著名的地名就是南锣鼓巷，现在是极为热门的一个景区，已经热到要控制它的游客流量，现在旅行社不能带团进入南锣鼓巷。南锣鼓巷是一条南北向的胡同，现在是一条街。街的东西两边各有八条胡同，其中，前圆恩寺胡同和后圆恩寺胡同是因为古代有一座寺庙叫作"圆恩寺"。

黄：我们的微信平台上，有一位热心听众发来了茅盾故居的门票，但是比较简单，郭主任还专门辨认了一下，确实是原来茅盾故居的参观券，是什么时候的？

郭：这个应该是2008年以前的门票，2007年下半年就不使用了。后来又设计了一版新的，到2012年也废止了。2012年的3月份，茅盾故居整体对外开放。

黄：也就是说，现在茅盾故居是免票对外开放的？

郭：对。

黄：大家如果想要看的话，什么时间去比较合适？

郭：我们周一闭馆，周二到周日全天开。上午9：00到16：30。

黄：我们刚才说了茅盾故居的大概情况，接下来说一说茅盾，因为茅盾有一部回忆录《我走过的道路》。他在这本书的自序里说："幼年秉承慈训，而养成谨言慎行，至今未敢忽怠。"茅盾觉得他幼年的经历影响他一生的性格。刚才二位也跟我们说到，茅盾的故居最主要的一处，就在他的故乡乌镇。北塔老师给我们说说，茅盾出生在一个什么样的家庭，他的家庭对他有什么样的影响呢？

北：我正好在4月25日，陪同诗人、翻译家——94岁高龄的屠岸先生去了一趟乌镇。我说说我的感受。茅盾家其实是开小商店的，家境还算过得去，但是还不能用殷实来形容。他的祖父（爷爷）开了一家小店。但是，他祖父喜欢玩，喜欢听戏，找朋友聊天、喝茶，不太善于经营店铺，所以生意不太好。茅盾的父亲是学医的，年轻的时候学得还可以，师父看中他了，就把女儿嫁给了他。在乌镇，中医世家很多。茅盾外公（姥爷）是个当地有名的中医。但是茅盾父亲这一辈，来看病的也不是很多。这对茅盾的影响不是很大。主要还是茅盾父亲和母亲的性格、他们的思想倾向、生活习惯以及道德情操，对他影响较大。他的父亲对他在学业、学问上的影响，使他非常执着认真，他父亲在当时是一个思想非常先进的青年，喜欢看西方一些关于科学技术的书籍。这个对茅盾影响比较大。他母亲对他的影响是全面的。我们常常说家训，往往是父亲的影响。慈训就是母亲的影响。茅盾的外公是一名中医，只有一个女儿，也就是茅盾的母亲，所以茅盾的母亲从小就是读书识字的，兴趣爱好也很广泛。他母亲未出嫁时，受的主要是传统的教育；后来嫁给他父亲后，又受到新式的教育，比方说，当时读的有天文、地理的书，新编的历史的书。

黄：也就是说，茅盾的父亲、母亲都是有文化的人，接受了当时比较先进的文化的影响。

北：新旧兼容。旧的功底很好，但是也有新的。乌镇离上海很近，现在走高速的话，一两个小时就到了。以前坐船的话，大半天也到了。而且双边的生意往来也很密切。

黄：但是我知道，后来他父亲早逝了。

北：茅盾十岁的时候，他父亲去世了，但是他父亲对他已经有了童年时期的开导。他父亲做生意很忙，身体又很差，后来就卧床不起。所以，母亲承担着茅盾幼年的启蒙教育。

黄：母亲都教些什么呢？

北：母亲教他识字、天文、地理、历史、绘画，为他幼年的教育打下了深厚的基础。所以茅盾对她母亲是终身感恩的。而且茅盾母亲的性格也很好，很坚强。茅盾的父亲很早就去世了，他还有一个弟弟，母亲抚养兄弟俩长大。茅盾的母亲很开明。当时茅盾的父亲崇尚实业救国、科技救国，但是茅盾非常喜欢文学。当年茅盾考北大预科的时候，面临选专业的问题，如果按照他父亲的遗嘱，就是要选择科技类的，但是他母亲比较尊重茅盾的选择，很开明。茅盾母亲的教育方法，对现在家长教育孩子仍然有启迪作用。此外，茅盾沉默寡言的性格，也是受他母亲的影响。

黄：听北塔老师这么一说，我感觉，他们一家人都不是特别善于言谈。

北：茅盾的母亲还可以。其他人都是不善言谈的。一个重要原因就是他们住在一个大家庭里，兄弟之间、妯娌之间、长幼之间的关系比较复杂。所以，他母亲一直教导他说话要谨慎，这对茅盾的影响比较大。我可以举例证明，茅盾当年在上海商务印书馆表现非常出色。茅盾刚从北大预科毕业，但是因为他的才识才能，当时《小说月报》的前主编找他来接主编这个位置，希望《小说月报》有一个重大的改革。他们谈了之后，茅盾非常坚决而且心中有谱，他要求领导都不要插手，完全由自己来干。但是，当前主编问他下一期怎么干的时候，他又非常谨慎说，我看看前面的剩稿。这是他性格非常好的一面。

黄：这又是咱们中国人比较喜欢的一点。虽然心中有比较大的主意，但是不会很激烈地表现出来。

北：这一方面可能是受家庭的影响；另一方面，可能是江南的温润的文化性格使然，尤其是这种江南小镇文化的影响。

黄：刚才北塔老师也说了很多茅盾从小生长的环境以及父母对他的影响。不过也说，茅盾的父亲在他十岁的时候就已经早逝了，他的母亲对他影响更大一点。而且我知道，其实茅盾生命里还有一些贵人，他们的家族应该还是有不少人对他有帮助，是吗，郭主任？

郭：对，茅盾的一个远房亲戚——卢表叔，是当地的银行家，对他思想的形成，包括后来《子夜》里面很多的原始素材，都是通过卢表叔了解到的。在他成长的过程中，这位表叔有两件事情对他的帮助很大。第一就是他考上了北大预科，在北京的这三年中，卢表叔对他有很大的照顾；第二就是他毕业以后，卢表叔把他介绍到了上海的商务印书馆工作。这是他从学生踏上社会的关键一步。

黄：他在商务印书馆做什么工作呢？

北：因为是卢表叔介绍进去的，所以，茅盾很受当时的总经理张元济的重视。他主要呆的部门是编译所，负责编辑、翻译工作，是商务印书馆的业务单位，是比较核心的。因为茅盾的英文非常好，所以一开始做翻译的工作。他的才能展现出来之后，各个部门都抢他。有让他编书的，编中国古代寓言、历史书等。另外，商务印书馆当时有一些杂志，比如学生杂志、少年杂志。一开始，茅盾给这些杂志写一些稿子。后来，他就成为主要的撰稿者之一了。

黄：他怎么就从一个编辑成为作者了呢？

北：茅盾从小作文就是拔尖的。现在我们到乌镇的茅盾故居去看展览，他小时候的作文都展示出来了，上面还有老师的批语。写作是他从小的爱好。他有想法就写出来，当时身边又有杂志社编辑，看见他的好作品就直接用了。渐渐地，他们就觉得茅盾比其他的作者都要优秀。他的思想好，文笔也好，都是当时社会最需要的声音。然后，从作者又变成了编者。这些杂志社都想请他过去帮忙，因为茅盾这个人做事非常细致，而且有想法，还有作者队伍。后来，他甚至做到了主编。再后来，不仅仅是做业务了，茅盾加入中国共产党之后，在商务印书馆成立了党支部，并在其中做组织引领的工作。

郭：他就是用工作做掩护，然后做交通员的传递工作。

北：当时上海的党组织有一个中共上海区委，一开始，这个区委只管上海本地区的，后来，监管江、浙、沪三地的中共组织联络。茅盾在上海商务印书馆，身份比较隐蔽。当时，陈独秀是中共一把手，虽然茅盾只是做交通员的工作，实际上起到了陈独秀助手的作用。福建、江西等地很多的党支部，都要寄信件、报告给党中央，首先寄给茅盾，茅盾看了之后再交给陈独秀。所以，茅盾在这其中做的是核心的工作。

黄：茅盾一方面做商务印书馆的编辑、作者，另一方面他为党做了很多工作。

北：包括领导罢工，他也是直接参与的。当时茅盾已经是中共上海地区的领导之一。他也很积极地去游行，并带着夫人一起去。这要拍成电影，我觉得是极有看头的。

黄：所以他的生活还是蛮丰富多彩的。

北：忙得团团转。

黄：北塔先生研究得确实非常深入，他刚才说的很多事情，我们都不了解。刚才也说到，茅盾去了上海的商务印书馆之后先是做编辑，然后慢慢自己写一些文章。这个时候他只是一般的作者，但我们所知道的茅盾是一位文学大家，他是通过什么样的作品或是什么样的机会，成为一位文学家呢？

北：茅盾在商务印书馆大概十年，在后来的三四年，已经成为名闻全国的作家了。但是，要从名家成为大家的话，得有大部头的作品，有站得住脚的真正意义上的文学创作才行。那时候他确实还没有。在商务印书馆的时候，他主要以文学批评家、文学翻译家成名的。第一次国内革命战争失败后，茅盾当时在武汉，他像郭沫若一样，在报纸上公开写了不少文章，指名道姓骂蒋介石，他说蒋介石叛变革命。蒋介石就往北打，打到武汉、南京。然后，蒋介石就下命令暗杀郭沫若、茅盾这些人。茅盾跟郭沫若一样，逃到日本去了。他跟党组织也联系，但不能公开做事。后来茅盾回来，还是不能公开做事，不能公开到单位做工作。当时他的确非常苦闷，觉得革命的理想破灭。这个时候，他就重新拿起笔来，开始真正的文学意义上的创作——写小说。比如第一个三部曲，包括三个相对独立的中篇小说《幻灭》《动摇》《追求》，都是他的小说成名作。茅盾的所有作品都是跟他的人生，跟当时的现实社会密切相关。茅盾跟郑振铎、周作人他们一样，叫作"为人生写作"。改善人生是他们写作的宗旨，同时要改造社会，相对来说，是比较实用的一个流派。茅盾的小说叫作社会剖析派，或者叫作"写实主义"。我觉得，用"写实主义"有点小看茅盾了，因为写实主义模仿现实就可以了，但是茅盾不仅是模仿现实，他还是有更高的对现实的把握和认识。因为茅盾在写小说之前，已经阅读、翻译了大量的西方的书籍，包括社会学、哲学、政治学的甚至还有马克思主义的。另外，他也实实在在地参与了轰轰烈烈的政治斗争。所以他不是普通地模仿现实。我更喜欢说茅盾是批判现实主义的或社会剖析的。第一个小说三部曲写他对轰轰烈烈的大革命理想的幻灭。好多人尤其是知识分子当时对革命的理想、革命的意志开始动摇，但是，我们好像又没有真正失败，希望并没有完全消失，还是要有追求，这些小说起到了鼓舞的作用。之后他也写了很多其他题材的小说。

黄：茅盾文学奖，用茅盾捐出奖金设的奖。那么，北塔老师再给我们介绍几部茅盾的重要的作品。他迈向大师的作品应该是他的《蚀》三部曲吧。

北塔：茅盾其他的短篇小说有《邻家铺子》和《春蚕》《秋收》《残冬》农村三部曲。茅盾的小说，写农村的有一部分，写大城市上海的有一部分，写小镇的有一部分。而《子夜》呢，是把三种题材综合起来了。它的主要背景是大上海，但是这个作品除了大都市的社会氛围和社会背景以外，也穿插着写到了农村，甚至写到了江南之外。当然，他是通过一种间接的手法写到外面的战争，可以说是三十年代中国上海史诗的全景式的概括。当时茅盾在这个作品上的抱负，就是写出一部惊天动地的作品。从五四时期到那个时候，在中国新文学谱系中，他的这部小说包容量是最大的了。所以，瞿秋白对他的评价也是最高的，说中国小说到《子夜》到了最高峰。

黄：茅盾先生的作品非常多，但是对他这个人我们其实也很感兴趣，请郭主任来给我说一说。网友熊小珍也说了，说你们之前每期的故居节目都说，这些大师喜欢去琉璃厂，我也很想知道，茅盾这样的大师他喜欢去哪儿呢？

郭：这个问题真不好回答，因为茅盾本人比较静，不喜欢动。茅盾的儿子沈韦韬生前曾经给我们讲过，父亲不爱运动，到了晚年，大夫多次提醒他要加强运动，因为肺气肿，他的肺活量特别小。但是茅盾先生

· 183 ·

只在房间里踱来踱去，他年轻的时候就不爱运动。有一件事对他的触动挺大。冯玉祥的夫人李德全是新中国成立后的第一位卫生部部长。卫生部离茅盾的住处比较近，李德全每次遇见茅盾都跟他说："一定要加强锻炼，比如说像我每次上下班我不用公车，我都是走去走回，一天花几个小时。"但是很不幸，李德全1972年就去世了，她跟茅盾是同年的，这件事对茅盾的触动很大，认为体育锻炼并不能增强人的健康，就保持原来的好静的性格。茅盾不收藏，不玩古玩，所以书里记载他去玩的地方也很少。

黄：我们知道茅盾夫人的骨灰就在他的故居里是吗？

郭：最早的时候是在，但后来茅盾去世以后，骨灰就跟茅盾合葬了。每个去故居的人都说他的生活很简朴，这就是一个普通的四合院，不是那种皇家大院。人们一进故居，立刻就会觉得能沉静下来。

黄：到底茅盾的故居有什么有意思的东西，我觉得大家要去现场看一看，给大家留个念想吧。

郭：馆里面有面模，茅盾去世以后做的面模和手模，非常清晰，连胡须都能看得见。他的手很小，甚至可以说是纤细，人们很难会想到，这样的一双手就能写出那么宏大的作品。

黄：郭主任，还有一件特别重要的东西要跟大家说，就是冰箱，是吧？

郭：这是一个老式的冰箱。通过这个冰箱也能看出茅盾夫人孔德沚节俭的家风。茅盾在1981年捐出来的25万元稿费（用作设立茅盾文学奖），是靠平时的省吃俭用节省出来的。

黄：这也是茅盾故居一件比较重要的展品。

录音材料由茅盾故居北塔整理

北京城市广播《城市文化范儿》
——有范儿逛故居（第六集）

走进梅兰芳故居

（2016年5月20日）

主持人：黄彦　北京城市广播主持人
嘉　宾：梅玮　梅兰芳纪念馆文保研究部研究员
编　辑：章　维　北京城市广播

主持人黄彦（以下简称黄）：今天我们请来的嘉宾是梅兰芳先生的曾孙，梅兰芳纪念馆文保研究部研究员梅玮先生。

嘉宾梅玮（以下简称梅）：大家好，我是梅兰芳先生的曾孙，我父亲的爷爷是梅兰芳先生，我的爷爷是梅兰芳先生的长子梅葆琛，他是一位优秀的建筑工程师（图一）。

黄：您也学了男旦，这是一种家族情怀么？

梅：我小时候七八岁的时候，家里人就让我去尝试一下，因为家里人还是希望能够有一个传承。当时我去了北京市西城区少年宫春芽少儿京剧团，老师一开始不敢收我，因为在那里学旦角的都是女孩，那会儿男旦很少，也不让学。结果老师没有收我学费，让我先跟着试学，学了有差不多一个月的时间。当时我记得老师第一节课教《二进宫》的唱段，学第一句"自那日与徐阳决裂以后"的唱腔。教完之后一个星期，老师要检查,看谁能唱下来。记得当时班里有九个人,就我一个男生,剩下都是女生,最后就我唱下来了。后来老师觉得,祖师爷给我这碗饭吃,就收我了。我一直学到差不多十六七岁。最后老师觉得我年龄大,实在教不了了。

　　梅家的传统是这样,包括梅葆玖先生,我的玖爷爷小时候学戏启蒙,也不是直接跟父亲梅兰芳学。当时梅兰芳给梅葆玖找了包括王幼卿、朱元山、朱传茗等这些当时京剧的顶级名家,来辅导他,并没有让梅葆玖直接跟父亲学习京剧。

图一　嘉宾梅玮

黄：梅玮您见过祖爷爷么？

梅：我自己没有见过祖爷爷，因为他1961年就去世了，我1982年才出生。我是我这一辈唯一一个学过京剧的孩子。我还有一个弟弟，他现在在美国，从事金融方面的工作。所以在国内，主要是我学过京剧，也从事着相关的行业。

黄：您是从9岁开始学戏，我们也很好奇，学京剧在这个年龄会比较好么？

梅：京剧需要有一定的基础，所以岁数太小去学会比较难，而且也不太容易进步。孩子七八岁的时候学习是比较合适的，因为八九岁的时候基本上懂事了，接受能力也比较强。包括孩子的嗓音、耳音以及对京剧的认识，也有了一定的基础。所以，这个年龄段相对来讲是最好的一个时间。所以，梅兰芳是8岁开始学习，梅葆玖也差不多是八九岁的时候，到我也是八岁左右。孩子在小时候，可以先去听，去欣赏、去了解一下，之后如果有兴趣，真正喜欢，再去进一步学习。

黄：那您现在还会唱么？

梅：我现在基本上每天下班回家，都会唱两段。并不是为了练功，而是觉得很有意思。其实我小时候也不喜欢学戏，也和现在年轻人一样，觉得这个戏曲太古老了。但是学着学着，听着听着，一直耳濡目染，最终就形成了一种习惯。许多东西就是这样，最终成为生活中不可少的一部分。所以，现在有时候我唱一段，心情也会变得很舒畅。包括我小时候学戏，我母亲不是很喜欢，但是后来，由于她每次都陪我去学戏，结果她也成戏迷了。

黄：梅兰芳先生出生在北京前门外李铁拐斜街，这是北京不多的斜街了。

梅：梅兰芳出生在北京的李铁拐斜街，现在这条街改名"铁树斜街"。就在前门附近，从陕西巷过去，往前门大栅栏方向走，就能够经过。现在梅兰芳出生的老宅还在，原来是李铁拐斜街101号，现在是多少号我记不清了。现在也成了一个大杂院。现在的梅兰芳纪念馆，是梅兰芳先生晚年居住的地方。梅兰芳先生搬了几次家。最早他出生在李铁拐斜街，后来又搬到了北京芦草园。演出成名之后，又在北京的无量大人胡同（现在称为"红星胡同"）购买了四合院，就在金宝街附近。抗日战争期间，梅兰芳先后寓居香港和上海。梅兰芳在上海时住在马斯南路，就是现在上海的思南路。现在梅兰芳的居所还保存着，在思南公馆里面。新中国成立后，周恩来总理邀请梅兰芳回到北京。当时为梅兰芳选择的住址，就是现在的梅兰芳纪念馆。原来是护国寺街甲一号，现在是九号。所以，梅兰芳一生主要是住在北京和上海两个城市。

　　黄：所以说有朋友一直认为，梅兰芳先生是上海人呢。梅兰芳也是在上海成名的么？

　　梅：早在1913年，梅兰芳就在上海进行演出。当时他19岁，和王凤卿去上海演出。当时上海的许老板请王凤卿去演出，王先生就带着梅兰芳。他对梅兰芳关爱有加，向许老板要求，让梅兰芳唱一出压轴戏，压轴戏就是一场演出中最有分量的最后一个节目。当时许老板还有些疑惑，梅兰芳这么年轻还没有成名，为什么要让他唱压轴呢？当时王凤卿很坚持，一定要让梅兰芳唱压轴。就是在王先生的推荐之下，梅兰芳在上海第一次演出压轴戏《穆柯寨》。一下子轰动了上海，梅兰芳也在上海声名鹊起。上海可以说是梅兰芳的成名之地。梅兰芳对上海的印象也很好，后来又先后五次去上海。其中一次在上海，梅兰芳连演了四十多场，一个多月没有时间休息。当时上海是万人空巷，梅兰芳在上海也成了名。京剧演员的成名需要三个地方的认同：上海、天津、北京。梅兰芳在上海成名，后来回到北京，又去天津演出，影响就更大了。所以，上海可以说是梅兰芳的一个福地。

　　梅兰芳之所以去上海，还有另一个原因。因为北京对于梅兰芳来说是一个让他伤心的地方。梅兰芳的第三个儿子，也就是我爷爷的哥哥梅葆琪，长得和梅兰芳非常像。当时梅兰芳就想让梅葆琪接班。但是梅葆琪在 8 岁的时候患白喉夭折了。梅兰芳非常伤心，每次回到北京，都会想起葆琪。另外，梅兰芳最喜爱的弟子是李世芳，当时梅兰芳也想把衣钵传给他，李世芳长得很像梅兰芳，被称为"小梅兰芳"。但是抗日战争胜利之后，李世芳乘坐飞机失事了。梅兰芳非常悲伤，作为师父，他亲自去给弟子守灵。所以，梅兰芳曾经提过，他比较喜欢上海，因为上海的环境开放，接受新事物很快，而这对于梅兰芳对京剧的创新和改革，都是有很大帮助的。

黄：听说梅兰芳先生也有一些很高雅的爱好？

梅：梅兰芳的爱好很多，最主要的爱好就是书法、绘画，还包括种牵牛花，喜欢听一些西方的古典音乐和歌剧。每次从国外回来，他都带回大量的唱片。梅葆玖先生也跟我提到，小时候他父亲让他听这些唱片，并不只是为了欣赏，而是去听发音、曲调、节奏等，都要去听。所以，梅兰芳成名之后，就开始着手进行对京剧的创新和改革。他排演时装新戏，也排演古装新戏，并且对舞台舞美、化妆、服装进行创新，在乐队中加入京二胡，等等，这些都是他对京剧发展与创新做出的巨大贡献。

黄：梅兰芳是中国京剧的代言人，您跟我们具体说一说，他所改革创新的京剧有什么样的特点和不同呢？

梅：梅兰芳对京剧进行了全面的改革创新，一方面是在舞台上，另一方面是在舞台下。舞台上包括化妆。大家如果有机会去梅兰芳纪念馆参观，会看到有四幅梅兰芳在不同时期演出《白蛇传》的照片。最早是 20 世纪 20 年代的演出照片，最晚是 50 年代与梅葆玖合演的照片，有很大的区别。早先的时候，京剧男旦的化妆很简单，也不吊眉，画个樱桃小嘴，大家就觉得挺漂亮。随着时代的发展，大家觉得不好看了。所以，梅兰芳在他的第一任夫人王明华的帮助下，对京剧的化妆进行了重大改革。他借鉴了中国国画中传统仕女的画像，仕女的眼睛都是很漂亮的丹凤眼，他结合了这些内容，把京剧旦角的化妆上升到了新高度。

另外还包括贴片子，塑造了脸型。现在京剧旦角的化妆风格，基本上都是梅兰芳当时改革后保存下来的。

梅先生对于舞台也很重视。当时他排演《太真外传》，在舞台上使用了追光和转台。台上搭了一个小台子，能够转动。他还采用简单的机械马达，让舞台上的小动物道具动起来。现在看来这都是很平常的事情，但是当时可是20世纪二三十年代，小一百年前的事了。所以到了梅葆玖排演《大唐贵妃》《梅兰霓裳》等戏，也是与时俱进，用LED屏幕体现3D的效果。他还结合民乐、交响乐，对京剧的音乐伴奏进行创新。梅兰芳对于京剧的音乐也是在不停地创新。当时京剧伴奏只有三大件：京胡、月琴和三弦。梅兰芳觉得，旦角乐队伴奏缺少低音。他就和他的琴师徐兰沅、王凤卿一起研究，把京二胡加入到京剧乐队的伴奏当中。到现在，我们看花脸、老生的伴奏就只有京胡；但只要是旦角上场演唱，都会有京二胡。

梅兰芳在舞台下也进行了改革。当时的戏园子很嘈杂，人们进戏园子都是喝茶谈天，戏都是有一搭、没一搭地看着。梅兰芳净化了戏园。他通过自己的表演吸引到了观众，通过自己的实际行动净化了舞台，让大家能够安静地欣赏。在早年间，外国人以进中国的戏园子为耻。但是后来，通过梅兰芳等人的努力，外国人再来北京，第一件事就是要进戏园子看戏。所以，这也是梅兰芳对于京剧的发展，是对中国传统文化的发展所做出的重要贡献之一。

黄：梅兰芳先生爱好书画，他拜谁为师呢？

梅：梅兰芳酷爱书画。梅兰芳的祖父梅巧龄收藏了很多中国的传统书画，梅兰芳在闲暇时，就临摹这些画作。他身边的朋友见到他的临摹，觉得他有潜力，就推荐了王梦白、姚茫父、齐白石等人教他绘画。师傅的级别都相当高了。所以梅兰芳的基础打得好，有很好的功底。梅兰芳自己也喜爱绘画。曾经有一段时间，梅兰芳痴迷绘画，他身边的好友齐如山就劝他，不要因为绘画把正差——唱戏耽误了。所以，梅兰芳也是一位优秀的画家。绘画在他的生活中占据了重要的位置，他也在绘画当中找到了很多创作灵感。

黄：绘画不仅仅为梅先生提供了创作灵感，有一段时间，都成为了他生活的依靠了？

梅：在抗日战争时期，梅兰芳蓄须明志，坚决不给日本军国主义者演出，没有了收入。为了补给他所带领的戏班里的老少，他先将自己在北京无量大人胡同的住所变卖，贴补家用，接济伙伴。后来也卖画。这也是梅兰芳在艺术之外，在人品道德上最值得尊敬的一点：他有爱国情怀和做人的准则。梅兰芳很少动怒，从不生气，但是他的心里非常明白，有着自己的底线。他的底线就是我是一个中国人，我要爱我的国家。日本军国主义者很强硬，你留了胡子，我给你剃了也要让你演。当时梅兰芳就给自己打了三针伤寒针，一下就发起了四十度的高烧。日本的医生过来看梅兰芳，看到梅兰芳真的发烧了，就没有再请梅兰芳。如果日本人不尊重梅兰芳，梅兰芳退烧了，还会让他去演出。但为什么日本人后来没有再来叨扰梅兰芳，就是因为日本人也觉得梅兰芳是一个真正的汉子，是一个有骨气的人，所以，日本人也很尊重梅兰芳，就没有再去找梅兰芳的麻烦。

1919年和1924年，梅兰芳两次访问日本。1923年，日本发生关东大地震，梅兰芳捐了两万大洋。1924年，梅兰芳又去日本举行义演。所以，日本人到现在都非常尊重梅兰芳。在日本，只有两个名人的名字还是按照中文来发音，一位是孔夫子，一位就是梅兰芳。我们之前在日本做展览，也犹豫是否加入这段内容，因为这也是比较敏感的话题。但是，日本的展览方明确要求我们加入这段历史，因为要让现在的日本青年了解到梅兰芳的风骨，这也是很正面的宣传。这一点往小了说是家风品德，往大了说就是民族大义。

黄：梅兰芳还有什么其他的爱好呢？

梅：梅兰芳的第二大爱好就是养花。他很喜欢牵牛花。大家见到的牵牛花可能不到一个拳头大小，梅兰芳养的牵牛花能有一个大拳头那么大。齐白石很喜欢画梅兰芳家的牵牛花，他画完之后，大家就说他画得太夸张了，牵牛花没有这么大的。当时齐白石就说，您去梅宅看看，结果人家一看真是那么大。梅兰芳特别喜欢花草。在梅兰芳纪念馆里有两棵柿子树、两棵海棠树。原来种的是苹果树。现在每到秋天柿子成熟了，我们就分柿子吃，这也就是前人栽树，后人乘凉。

梅兰芳还有一个爱好，就是武术，他有专门的武术老师。梅兰芳还给梅葆玖找了专门的武功老师，让他练习身段。后来梅葆玖对我说，他父亲让他联系武功让他受益匪浅，到了 80 岁，身体也没有任何的毛病。当时梅兰芳练习太极拳、太极剑。后来他在《霸王别姬》中的舞剑，也是结合了太极剑。

黄：有听众朋友提出，想带自己的孩子到梅兰芳纪念馆看一看，能不能看到您刚才说的梅兰芳的字画，他养的这些花花草草啊，等等？

梅：现在梅兰芳纪念馆展览的内容很丰富，南屋是生平展，展现了梅兰芳从出生到去世的一生的图片、照片。还有一段 15 分钟的视频，里面都是梅兰芳当时亲自录制的视频资料。东屋展示了梅兰芳自己的字画以及他的师友赠送给他的绘画作品。西屋主要展示了梅兰芳的演出服饰。北屋就是梅兰芳故居的陈列，我们可以看到梅兰芳生前居住的场景。故居的开放时间是每周二到周日上午 9：00 到 16：00。成人票价 10 元，老人、儿童和残疾人票价 5 元。

黄：梅先生最后十年住在故居，喜欢到什么地方逛一逛、玩一玩呢？

梅：梅兰芳最后的十年非常忙碌，不光要演出，还要参加国家的政治活动。当时梅兰芳很少有时间能够在院里坐坐，歇一会。我的父辈也跟我说过，当时要见到爷爷很难的。梅兰芳即使在家，也大多是在北屋会见客人。新中国成立后，梅兰芳去了全国 30 多个省市进行演出。所以，很少有在家里休息的时间。梅兰芳的卧室里面有两张单人床，因为他每天回家都很晚，设单人床是为了不影响夫人的睡眠。

欢迎大家来梅兰芳纪念馆参观。

录音材料由梅兰芳纪念馆梅玮整理

北京城市广播《城市文化范儿》
——有范儿逛故居（第七集）

李大钊的革命人生
（2016年6月3日）

主持人：黄　彦　北京城市广播主持人
嘉　　宾：李建生　李大钊之孙
　　　　　刘　洋　李大钊故居业务部主任
编　　辑：郝　爽　北京城市广播

主持人黄彦（以下简称黄）：追寻城市记忆，有范儿逛故居。他是中国历史课本上重要的人物，他是思想深刻、目光敏锐的文化先驱，他是不畏死亡、一心救国的人民英雄，他就是李大钊。今天，城市文化范儿将走进北京李大钊故居。今天我们要介绍的这个人，就是中国共产党的主要创始人之一李大钊。

当年很多人都称李大钊同志为守常，守是保守的守，常是寻常的常，从字面上看上去，是保守而寻常的一个名字，但是他的一生却是一点都不寻常。今天，我们就要和您一块走进北京李大钊的故居，感受他的革命人生。首先请出今天做客我们节目的两位嘉宾，由民盟北京市委和北京市文物局推荐的北京李大钊故居业务部主任刘洋，你好，刘洋。

嘉宾刘洋（以下简称刘）：主持人好，大家好。

黄：还有李大钊的家人，李大钊先生的孙子李建生，李先生您好。

嘉宾李建生（以下简称李）：你好，各位上午好（图一）。

图一　嘉宾李建生（左）、刘洋

黄：展现李大钊先生的影视作品非常多，展现的方式也不尽相同。但是，对于李大钊外貌的描绘还有我们在一些印刷作品上看到的，基本上都是圆眼睛、八字胡，而且是不苟言笑，比较严肃。所以，我特别想问一下李建生先生，生活当中李大钊是不是就是这样一个人？

李：这个不能从外表上看，李大钊还是一个兴趣广泛、关心家庭的人。我爷爷对子女的生活和学习都很关心，经常和他们一起下军棋、学唱歌、讲故事等，音乐不但能陶醉人，还能鼓舞人。

黄：他对音乐很有兴趣？

李：对，如果大家到李大钊故居去参观，会看到那里有一架旧风琴。这架风琴是从旧货摊买回来的。李大钊买下来之后教子女唱歌，其中不少是革命歌曲，比如《国际歌》、苏联的《少先队队歌》，这些歌李大钊教给我大伯、大姑，我大伯、大姑又交给我父亲，就这么传下来了。

黄：李大钊先生去世时才 38 岁，您肯定是没见过您爷爷了，那时候您父亲多大？

李建生：我父亲 4 岁。

黄：李大钊先生有几个子女呢？

李建生：生存下来的一共有 5 个，包括我大伯、大姑、二姑，我父亲，还有我叔叔。

黄：看来您父亲排行第三？

李建生：第四。

黄：今天我们要带大家走进李大钊故居，刘洋给我们介绍一下李大钊故居在北京什么地方。

刘：故居地址是现在的西城区文华胡同 24 号。在 1920 年至 1924 年李大钊居住期间，这里叫石驸马后宅 35 号，这里是怎么命名的呢？是按照明宣宗顺德公主与丈夫石璟的府邸命名的。大家可以想象一下，当时新文化街叫"石驸马大街"，文华胡同叫"石驸马后宅"，顺德公主丈夫石璟的宅子，南北宽度就是这么大。我们故居就是石璟宅子一个小后门。如果大家去我们故居参观就会知道，我们隔壁的院子，房屋都是起脊建筑，很漂亮，为什么呢？人家那院子是小花园，我们院子是花园后门出入用的。现在的故居是李大钊在北京的第四处居所。

黄：已经是第四处了？

刘：对，第四处，也是他在北京居住时间最长的住所，1920 年春至 1924 年 1 月在此居住。

黄：住了 4 年，李大钊先生在北京住了 10 年，这处是最长的了。

刘：对，他先后租住过 8 处住宅，这是第 4 处。

黄：关于李大钊的故乡，李先生您的祖籍是河北乐亭是吧？

李：对，现在归唐山市管辖。

黄：李大钊在北京住了4年的这所房子，现在是他的故居；李大钊在北京10年的时光，是不是也可以说是他人生最辉煌的10年呢？

刘：可以这么说。1916年之前，李大钊去各地求学，1916年回国之后开始执教，并且从事各项工作，应该说是他人生最辉煌的时期。在我们故居居住这4年，他在小院里撰写各种文章达到179篇，据统计，文字总量近50万字。按时间推算，这4年，平均每9天就要完成一篇文章，可以说是他创作的黄金时期。其中1920年3—12月，共计34篇；1921年，共计49篇；1922年，共计49篇；1923年，共计42篇；1924年1月，共计5篇，文章总量占《李大钊全集》收录文章总量的近三分之一。当然，这些文章也包括书信、演讲稿。

黄：30多岁是正当年的时候，精力非常好。李大钊先生在这10年当中都发生了哪些故事？另外介绍李大钊时，会提到李大钊天生带有苦难的基因，从小父母相继病逝，他还经历了那些人生坎坷呢？我们请李建生先生给我们介绍一下。

李：我爷爷这一生，童年时虽然有丧失父亲和过早失去母亲的痛苦，但也有关爱，就是大爷爷一直在精心抚养他。

黄：有来自家人的关爱。

李：对。后来，他投入到他自己说的"民族解放之事业"当中去了。李大钊生性比较乐观，看什么都比较乐观，学习和工作中喜欢作诗、写书法、唱歌、拉琴、写剧本等。

黄：爱好很广泛。

李：对，他生性是一个比较乐观的人。

刘：李大钊从小生活确实是比较坎坷的。他的父亲过继给了他的大爷爷。李大钊的亲爷爷叫李如珠，家族排行第二，上有大哥李如珍，下有弟弟李如璧。李如珍因有女无儿，封建社会不孝有三，无后为大，所以按当地习俗，过继二弟李如珠的儿子李任荣为养子来承继门户。但是，在大钊先生出生前半年，父亲病逝了，李大钊是遗腹子，根本就没有见过自己的亲生父亲。不到2岁，母亲也不在了，是大爷爷李如珍一手把他带大的。李大钊出生的时候，老人将近六七十岁高龄，在他10岁的时候，老人将近七八十岁了。大奶奶瘫痪在床，家里需要人操持，所以，10岁的李大钊和16岁的赵纫兰就结婚了，结婚非常早。也许就是这些坎坷的童年经历，让李大钊从小就奠定了爱国心，拥有坚韧的品格。

黄：不是每一个苦难的人都有爱国之心。我们也查了一些资料，大钊先生曾经在1918年发表演讲，他说我们庆祝不是为哪一国或为哪一国的一部分人庆祝，是为全世界的庶民庆祝。"庶民"这个词在中国历史上从来都是下层人民的代名词，李大钊却有为庶民庆祝的心思，是什么样的经历点燃了他替无产阶级说话的这种热情和信念呢？

李：我觉得，我爷爷他这种想法和中国所处的这种环境有很大的关系。我爷爷在成长过程中，看到由于中国封建统治和帝国主义侵略，老百姓生活在水深火热之中。他看到这些后，就产生了救国想法。他的老师给他的启发诱导也是很重要的，如果老师不去开阔他的眼界，不去在教他的时候讲述中国近代史比如八国联军入侵北京，还有以前发生的帝国主义入侵的事件，他也不会有这些想法。有了这些想法后，他在开始读书时就立下志向。同时，他看到身边的事情，小伙伴吃不饱、穿不暖、上不起学的有得是。所以他立志，要把中华民族受压迫的现象扭转过来。

黄：对于身边人和事是有切身感受的。

刘：李大钊在《狱中自述》里曾写道："钊自束发受书，即矢志努力于民族解放之事业。"从他小时候念书开始，就立下投身于民族解放事业、爱国报国的志向。

黄：这样的志向也不是天然形成的，就像李先生说的，受到老师的教育，老师教育的思想还是很先进的，另一方面也是看到了一些现象，为他埋下了这样的心愿。刚才我们问题当中也问到，李大钊先生有一段时间是在国外留学，能去国外留学，说明家境还不错吧？

刘：他的家境比较不错。乐亭这个地方，了解的人可能知道，属于滦河的下游。当时，河的下游水患频发，当地百姓靠农业收成是保证不了生活的，所以，经常北上去闯关东。李大钊的大爷爷李如珍也曾在长春一带经商，家里算是比较富裕的，所以李大钊能够去读书。当然，他去日本留学还是得到了友人的资助，留学了将近三年时间。

黄：来北京之前？

刘：1912年李大钊曾来过北京，是为了《言治》杂志的出版。1913年李大钊留学之前，去了一趟圆明园，看到满目疮痍，他做了一首诗，后来出国留学，去了日本，进入东京早稻田大学。

黄：李大钊出国学的什么？

刘：政治本科，因为他在天津时学的法政专业，上的是天津的北洋法政专门学校。后来他觉得要继续深造，继续学习政治专业，回国后开始了在北京的10年生活。

黄：回国之后就一直住在北京了？

刘：对，可以说北京是他的第二故乡。

黄：李大钊在北京住了很多地方，他去世之前也是住在这里吗？

刘：不是，去世之前，他是在东交民巷俄国旧兵营被捕的。李大钊在北京先后租住过8处住宅。第一处是西单的皮库胡同，1916年9月至1917年1月在此居住；第二处是朝阳门南小街竹竿巷，在1917年1月至1918年9月居住；第三处是北新华街回回营2号，在1918年9月至1920年春居住；然后搬到我们这里。前几处居住时间都很短，原因是工作变化比较频繁。1916年李大钊回国后，首先在《晨钟》报任主编。他与汤化龙政见不合，一个月就辞职了。随后他到《宪法公言》任主编，在刊物上针砭时弊，抨击当时的政府，后果可想而知，不到一年，刊物被勒令停刊，他又失业了。直到章士钊聘请他和高一涵担任

· 199 ·

《甲寅》日刊的主笔,后来进入北京大学,他开始有了稳定的生活、稳定的工作,才得以把一家人接到北京来团聚。

黄:网友琪琪问,她去过李大钊故居,那里是他自己花钱置办的吗?看着那里还挺大的,是这样吗?

刘:李大钊在北京的8处住宅都是租住的,他在北京不曾为自己购置过任何田产。如果说挺大的,这个概念不是很正确,因为当时的北京不像现在这么拥挤。当时李大钊居住的小院是一个普普通通的小院子。李大钊租住这个小院也是生活的需要。他担任北大图书馆主任兼教授后,有了稳定的收入、稳定的工作,可以把一家人接到北京来团聚了。但有了这个想法时,他发现,在回回营的宅子有点小了,因为此时的李大钊已经是3个孩子的父亲了,葆华、星华、炎华都已经出生了,所以想找一个大一点的宅子。

李大钊故居原来的主人是马家,是清朝贵族后裔,满族人。马家有个女儿叫马实华,曾在北京女子师范大学学习,毕业后并未从教,在家专攻笔墨丹青,擅长工笔重彩。她的丈夫叫黄裕培,字鲁沂,与李大钊在天津北洋法政专门学校是同窗,是志同道合的好友,他们以兄弟相称。尽管李大钊先生小时候家庭条件还不错,但后来上学的钱很多都是筹集来的,甚至由夫人典当、挪借,得以完成学业。黄裕培也资助过一些。黄氏家族可以称得上是旺门大户,也经营一些农业,还经营着药店等多处买卖,家境还是比较好的,所以给李大钊学费上有一些帮助。他们从天津北洋法政专门学校毕业后,黄裕培因经常和李大钊等思想进步的同学在一起,思想上也淡漠田财,倾向革命。他不但没有听从父命回家乡经营家业,反而主动向家人声明,"家中财产分文不取,留在北京谋取适当职业"。他想要自己创业,自己谋生。

黄裕培与马实华相识后,互生爱慕之意。马家对黄裕培也非常满意,觉得他为人忠厚老实。但黄裕培对终身大事看得非常重,与马实华相处3年迟迟没有结婚。后来他请李大钊见了一次马实华,李大钊表示看好他们的婚事之后，两人才结婚。

黄：让朋友来帮着相一相。

刘：对，李大钊担任《晨钟》报编辑期间，李大钊还以证婚人的身份，参加了黄裕培和马实华的婚礼。黄裕培与马实华婚后，就住在石驸马后宅35号这个院子里。李大钊要找一个房子，夫妻二人就搬到小口袋胡同去了，把这处留给李大钊。1920年，李大钊安排好李葆华、李星华上学的事情后，暑假后回老家，把家人接来此院长住。1920年10月《少年中国》第二卷第四期，在"学会消息"里刊出"北京会员李君守常，于日前回籍接取家眷，已于月初回京"。这本刊物也就成了李大钊在故居居住的最有力的证据了。

黄：原来故居是这么来的，真是经历了一段曲折的故事。

刘：李大钊租住这个院子还有一个目的，就是他的生活非常简朴，每天都是步行上下班。从李大钊故居走着去当时的女高师（北京女子高等师范学校），也就是现在的鲁迅中学，步行上班比较方便，这也是他选择现在故居这个地方的重要原因。

黄：李大钊是北大教授，后来被章士钊推荐为北京大学图书馆主任，我们通过一部真实还原李大钊生平的电视剧《李大钊》的片段了解一下这件事。通过这个片段我们能了解到，李大钊当时已经是大学教授了，而且是在好几个学校做教授？

刘：对，他还在朝阳大学、北京女子高等师范学校、高等师范大学、中国大学四所大学任教。

黄：但从这个片段可以听出，他的生活还是挺拮据的。要说他在这么多大学担任兼职教授，收入应该还是可以的，为什么生活这么清苦呢？

刘：这就体现出他对党的事业的奉献了。他在担任北大图书馆主任期间，每月收入可以达到一百二十块大洋；兼任教授后，可以达到二百四十块；加上稿费，每月三百块左右。

黄：那真是挺高的了。

刘：当时一块大洋可以买 25 斤面粉。但是李大钊每月近三分之二的收入都交党费了，剩下的三分之一还经常资助一些贫困的学生和革命人士。有人开玩笑说，李大钊每月领完薪水，人没走出北大，钱都散干净了，这使得媳妇赵纫兰巧妇难为无米之炊。这件事后来被北大校长蔡元培知道了，他要求会计科，每月将固定收入是三十块大洋左右，直接交到赵纫兰手里，防止他家揭不开锅。

黄：直接交给李大钊先生的妻子？

刘：对，尽管如此，李大钊牺牲的时候，家里只剩一块银圆，这是当时《晨报》对李大钊牺牲后家里生活情况的一个真实报道。

黄：家里只有一块银圆了？

刘：对，这就体现出大钊先生两袖清风。

黄：其实他那时候收入还是挺高的，但是把钱一方面交了党费，另一方面贡献给党的事业了，还有资助那些穷苦的人们。

刘：李大钊的长子李葆华这么回忆父亲："他很乐于助人，手头只要有钱，谁急需就送给谁，不讲究还不还。他不讲究吃，也不讲究穿，家里的日子够过就行。"这都体现出李大钊简朴的生活作风。而且李大钊被捕后，有人联名上书陈情。白眉初组织乐亭同乡 300 多人联名上书："黄卷青灯，茹苦食淡，冬一絮衣，夏一布衫，所受之辛苦，有非笔墨所能形容者，如是者数载。"体现出李大钊一直是这么生活的。

黄：李先生，对于此，您是否听您父亲提起过？

李：前辈们不太这么说。我父亲认为，我爷爷的行为对我大伯和大姑有很大的影响，是身教胜于言传的。

黄：网友七月微澜说："李大钊的故居我去过，很奇怪，和一般的四合院不一样，他的门是从北边开的，也没有南门，这是为什么啊？"

刘：为什么和四合院不一样呢？因为它就不是四合院，是倒座的三合院，刚才跟大家介绍过了，这里是石驸马花园的后门，所以从北往南进，没有南房，显得跟四合院不一样。站在院中，除了正房（就是北房）是起脊式建筑外，耳房及厢房都是平顶建筑，说明此宅院造价相对低廉。观众要是细心会发现，进门是下坡的，为了方便残疾人参观，我们改成坡道了，原状应该是台阶。

黄：低下去了？

刘：对，这就是民间所称的"三级跳坑"，都是穷人住的宅子。李大钊在此居住期间，已经是北大教授兼图书馆主任了，有很高的收入、很高的社会地位，选择这么一个普普通通的小院子，体现就是他生活的简朴和人格的高尚。

黄：是不是与经常进行秘密活动，方便进出有关系呢？

刘：这倒不是，当时的宅子形式就是这样的。在陶然亭的慈悲庵成为我党召开重要会议地点之前，党所有的重要会议，都是在这里召开的，这倒是史实。

黄：在这里召开过很多重要的会议？

刘：对，共产国际的马林都曾经来过这里。

黄：您跟我们详细地说一说，从大门进入李大钊故居，先会看见什么房间？左边、右边是什么样子的？

刘：从大门进入，因为是倒座，所以不是先看到北房。咱们从站在院中说起，先看到的是正房，左手边是西厢房，右手边是东厢房。我建议大家来到我们故居，先去西厢房看一看，这里是我们党召开重要会议的固定地点，所以这里非常有历史价值。这里一进门会看到一架风琴，是复制品，不是原件。据记载，李大钊曾经带着星华去东边头发胡同的小市，在一个拍卖行里淘了一架旧风琴，回来擦拭一新后，在刮风下雨的时候用。

黄：为什么呀？

刘：用雨声和琴声掩盖他教孩子们唱革命歌曲的声音，用雨声、用琴声，掩盖他们召开重要会议的声音，防止敌人窃听。

黄：原来是这样，家人是住在这两侧是吗？

刘：夫妻两个人住在正房的一间，星华住在西耳房，东耳房是奶妈和比较小的孩子光华居住，大哥李葆华住在东厢房靠北一小间。住四合院的人都知道，厢房一般是给子女住的，儿子是一家人的希望，太阳从东面升起，所以，儿子李葆华住在东厢房靠北一间。

黄：文学家余光中曾说过："一个作家的书房体现出他的文化背景。"西厢房就是他的书房，见证了共产党早期运动和发展。刚才你也说了，是不是经常在这里召开一些秘密的会议？

刘：是的，当时，于树德、瞿秋白、邓中夏等人都曾经来到这个小屋和李大钊进行会谈。1921年5月15日出版的《少年中国》第二卷第11期写道：少年中国上海会员恽震、吴保丰因参观北京、唐山等处工厂北上，1921年4月8日到李大钊家开会，向李大钊陈述少年中国学会会务工作的情况和意见，北京部分会员参加了这次谈话会。

黄：现在还有没有什么痕迹能让我们看到当时的场景？

刘：我们按照文献记载，复原了当时屋子的布置风格。

黄：刚才李先生说了，李大钊喜欢音乐，生活中也是很活泼的人。网友张雪娜娜说，她记得上学时，有一篇课文说李大钊教子女唱《少年先锋队队歌》，是在这间屋子里吗？

李：是在这个小院里。我父亲回忆，这首歌是从我大伯和大姑那学来的，他们是从我爷爷那学来的。听他们讲过，当时瞿秋白把《国际歌》翻译成中文之后，李大钊头一个拿来在家学唱《国际歌》，现在的《国际歌》歌词，就是瞿秋白翻译的那版。

黄：刚才说了，李大钊是一个生活充满很多乐趣的人，对妻子和孩子照顾很周到，对吗？

李：他对孩子成长很关注。我大姑回忆录里有一件事。我大姑回来唱在中学学的校歌，歌词里把环境描述得非常优美，我爷爷指出歌词中不现实，例如门口的排水沟是臭水沟，有垃圾，不像歌里唱的花花草草，要思考是否与实际相符。但我爷爷相信，未来会像歌词里描写的一样美好。

黄：李大钊生活中还是有很多有意思的事情，也创办过学校。李大钊同志因为英年早逝，留给大家的基本都是口口相传的片段，现在我们追寻着这份红色记忆来到李大钊故居，有什么是一定要看看的呢？

刘：一定要看看那副对联。这副对联是李大钊根据明代忠臣杨继盛的"铁肩担道义，辣手著文章"这一诗句修改而成的。他在此句基础上，取陆游诗中的"文章本天成，妙手偶得之"的"妙"字，合成对联。李大钊非常喜欢这副对联，曾经多次书写，送给吴弱男、杨子惠等人。

李大钊每设计出一期《晨钟》报，都要写上一句警语。1916年8月15日，在《晨钟》报创刊号上，就选刊了"铁肩担道义"作为该期警语。同年9月，李大钊还曾手书此联，送给连襟杨子惠。1924年，李大钊为劝章士钊不要倒向北洋军阀政府，曾应章士钊妻子吴弱男之请，手书对联，赠予吴弱男。

黄：刚才网友提的问题，现在知道答案了吧？都已经告诉大家了。

刘：参观东厢房的时候，可以看到《呐喊》小说集复制品。大家都知道，这小说集的作者是鲁迅。鲁迅写小说集的时候，和李大钊是同事关系，李大钊在北大任专职教授，在女子师范大学任客座教授。鲁迅出版小说集之后，曾送给李大钊一本；李大钊也曾买过小说集，给孩子们阅读。据李星华回忆，他们的父亲希望他们成为"遇山不愁、逢水不惧"的革命者，觉得小说集对他们有促进作用。所以，李葆华、李星华两个比较大的孩子，都在父亲的教育下读这个小说集。

黄：故居里还有很多生活细节值得仔细看一下。李大钊在北京生活工作10年，除了故居里面，他在北京还留下很多足迹是吧？

刘：对，像北大红楼——他曾经工作过的地点，现在是北京新文化运动纪念馆，大家有兴趣可以去看一看。还有陶然亭的慈悲庵，刚才给大家介绍了，在那儿成为党的固定会议地点之前，党的会议都在李大钊的书房召开，后来逐渐挪到那儿去了。1920年8月16日，天津觉悟社邀请少年中国学会、人道社、曙光社、青年互助团等四团体，在北京陶然亭慈悲庵召开会议，为商讨爱国运动的发展方向和联合斗争问题举行茶话会。1921年7月，李大钊通过陈愚生，租赁了慈悲庵南厅两间，作为重要的活动地点。

黄：李先生，据我所知，李大钊在北京还创建了一所学校是吗？现在这所学校还在吗？

李：对，这就是北京第三十五中学，创建的时候叫北京志诚中学，由一些年轻的老师创办的。我爷爷作为校董事，头一次给了大洋九百块，支持教育，学校另一发起人邓翠英提出办学宗旨：改变民族落后，发展教育事业，培养栋梁之材，有志者事竟成，所以，志诚中学的校训就是有志者事竟成。也许你不知道北京三十五中，但我念出一些人名的时候，你就知道这所学校有多么厉害了，它为国家培养了大量栋梁之材，宋平、王光英、邓稼先、王岐山等，都是三十五中校友。

黄：李大钊先生就是这么热心于教育事业，现在这所学校还在吗？

李：还在，北京三十五中从小口袋胡同搬迁到新街口一带了，把两个地点合到了一起，其中一个是周氏兄弟旧居。

黄：是，鲁迅博物馆的工作人员来做节目时，还说周氏三兄弟旧居在这儿。

李：原封不动地把老校址的志诚楼（中西合璧的办公楼，建于1915年）移到这里。

黄：我还去参观过，把砖瓦门窗原样移过来，在校门口一进去就能看到。

李：作为一个传承，把旧的遗址复原搬迁过来。

黄：李大钊创建这所学校，现在还能看到很多当时的痕迹。更多的东西还要到李大钊故居去看。刘洋给我们说一下故居的开放时间，怎么去？

刘：故居的开放时间是周三至周日早9点至下午4点，我们位于西城区文华胡同24号，在长安街南侧，民族文化宫的对面。

录音材料由李大钊故居刘洋整理

北京城市广播《城市文化范儿》
——有范儿逛故居（第八集）

伟大女性宋庆龄的不凡人生

（2016年5月13日）

主持人：黄　彦　北京城市广播主持人
嘉　宾：沈　斌　宋庆龄故居工作人员
　　　　杨晓洁　宋庆龄故居工作人员
编　辑：郝　爽　北京城市广播

主持人黄彦（以下简称黄）：都说女人如花，如果让我用一朵花来形容这位女子，比起牡丹，我更喜欢用茉莉花来形容国母宋庆龄。她的美端庄大气，典雅怡人，她仁爱坚韧，赠人玫瑰手有余香。她的一生为中国近代史写上了不可磨灭的一笔，对历史的发展产生了深远的影响。她有着不寻常的婚姻，也有不屈不挠的革命人生。同时她还是一位学识渊博、气度不凡的女性。她的传奇人生充满了故事，今天我们就邀请到两位嘉宾，和您一起来走进北京宋庆龄故居，追寻她生活的轨迹，感受她不平凡的人生。现在介绍一下今天做客我们节目的两位嘉宾，是由民盟北京市委、北京市文物局推荐的宋庆龄故居社教部工作人员沈斌、杨晓洁。

嘉宾沈斌（以下简称沈）：大家好（图一）。

嘉宾杨晓洁（以下简称杨）：主持人好，大家好。

图一　嘉宾沈斌（前排左）、杨晓洁（前排右）等人

黄：今天我们来说说宋庆龄。我看了很多人评价宋庆龄故居，说这里是"后海桃源"，是京城著名的闹中取静的好去处。后海已经热闹了很多年，但这个地方，一进入院子，那种安静的感觉，跟外面是两个世界。去过故居的朋友都知道，这里是一处非常典雅别致的庭院，看上去似乎有点宫廷的味道。

沈：早在清末，这里是中国末代皇帝溥仪的父亲——醇亲王载沣的府邸西花园，或者说是摄政王府的西花园。这所宅院最富丽堂皇的时候，据历史记载，是康熙年间大学士明珠的府邸。明珠是一个权臣，也是一个贪官，康熙罢免明珠官爵之后，并没有收没他的财产。西花园是明珠的儿子纳兰性德与朋友们吟诗作赋的地方。纳兰性德是清词三大家之一，现在很多人研究他的词，寻找他的踪迹，经常到宋庆龄故居来。

故居是他家的花园，当时叫渌水院。纳兰性德曾写过《渌水亭集》，也曾写过一首很有名的诗，叫《夜合花》。在故居南湖的南岸，有一座二层楼叫南楼，纳兰性德就在南楼前种了两棵明开夜合树，现在故居还保留一棵较为完整的。

黄：这叫什么树？

沈：明开夜合树（合欢树），俗称卫矛，即桃叶卫矛。每年5月初开小白花，白天开，晚上微微闭合。纳兰性德在诗里这样写道："阶前双夜合，枝叶敷华荣。疏密共晴雨，卷舒因晦明。"用诗描述这两棵树和花园的美景。到了乾隆年间，据说贪官和珅看上了这所宅院，霸占为别院，但在正史的记载中，并没有说这里是和珅的宅院。乾隆五十六年（1791），乾隆皇帝将他的第十一子永瑆封为成亲王。后来，成亲王永瑆在乾隆五十九年建府的时候，正式住到了这个地方，这里成为成亲王府。可是永瑆并不是铁帽子王，按清朝的规矩，每传一代就要降爵，降到他的子孙贝子贝勒爵的时候，没有资格在这里居住，后来被内务府收回。光绪十四年（1888），慈禧太后将这里赐给了光绪的父亲——第一代醇亲王奕譞。奕譞深得慈禧的宠爱，所以赐他为醇亲王。他是铁帽子王，所以他的第五子载沣继承了父亲的爵位。载沣的儿子溥仪后来做了皇帝，载沣被封为摄政王。因为这里是皇帝出生的地方，是潜龙邸，载沣本来应该搬出去，清政府在中南海西北部给他建造了新的摄政王府，可是他的儿子宣统皇帝（溥仪）只做了三年皇帝就被推翻了，当时的摄政王府还没有建好，所以，载沣和他全家就一直住在这里。

黄：新中国成立之前，这里一直是摄政王府吗？

沈：这里是摄政王府的花园。1924年，载沣的儿子溥仪被逐出皇宫，后来去了天津。载沣胆小，1928年带着全家也去了天津。1939年天津发大水，他带着全家又回到北京。载沣这个人是有骨气的，他的儿子做伪满皇帝时，他并没有投降日本人。从1939年到1949年，他全家一直住在醇亲王府的西花园，载沣住在畅襟斋。1949年，他将全部宅院卖给了国家，自己搬到东城区魏家胡同46号。

黄：宋庆龄先生是什么时候住在这里呢？她在这里生活了多久？

杨：1949年新中国成立前，宋庆龄应毛泽东主席和周恩来总理的邀请，来到北京参加第一届中国人民政治协商会议，并当选为国家副主席。作为国家领导人，她需要留在北京工作。1949年，宋庆龄在北京一开始住在方巾巷44号，现朝内南小街439号，是一座日本商人留下的小楼。1959年，她迁到前海西街现在的郭沫若故居。当时那里的环境不太好，冬天门外是什刹海冰场，嘈杂吵闹；房子又是平房，比较潮湿。宋庆龄喜欢安静，晚年又患有严重的风湿性关节炎，经常腿疼，这两个问题给她造成了很大的困扰。党和政府决定为宋庆龄在北京修建寓所，当时是通过王光美同志向她转达国家为她修建住所的建议，但她以国事为重，婉言谢绝。宋庆龄说："国家正在建设时期，需要用钱的地方很多。为了我个人的住所，增加国家的开支，这样，将使我感到很不安。所以，我不打算再迁新址了。"但是国家没有接受她的意见，周恩来总理亲自筹划、选址，选定了醇亲王府西花园，并在花园里为她修建了一座中西合璧的二层小楼。1963年4月宋庆龄搬来，直到1981年5月去世，她在这里工作、生活了18年。

黄：说到故居，很多朋友比较熟悉，而且非常的崇敬和向往。刚才请沈斌老师看许多朋友（微信网友）发来的纪念邮票、纪念章和故居的门票的照片，沈老师认出来，其中的邮票有两种。

沈：对。一种是宋庆龄去世一周年我们国家发行的，还有一种是宋庆龄诞辰100周年国家发行的。发行的邮票内容是宋庆龄和孩子们在一起，因为她生前非常关爱少年儿童，认为培养少年儿童是缔造未来的伟大事业，我们从邮票中也能感觉到。纪念币是她诞辰100周年时发行的。那种门票是20世纪80年代我们故居使用过的门票，现在用作免票人员使用的门票，也有纪念价值。

黄：宋庆龄生命最后的18年是在这里（故居）度过的，但是我们听说，孙中山先生去世以后，宋庆龄是不愿意来北京的，北京是她的伤心之处，是吗？

沈：宋庆龄以前是有这样的想法，不愿到北京来，或者说北京是她的伤心地。因为宋庆龄第一次来北京，是1924年底随孙中山先生北上，共商国是。1925年初他们抵达北京，孙中山病重住进协和医院，后发现是肝癌晚期，只能转为中医治疗。他们当时住的是顾维钧的住所，也就是铁狮子胡同孙中山的临时行辕。宋庆龄当时日夜护理，但终因医治无效，孙中山先生在1925年3月12日因病在北京去世。宋庆龄当时非常伤心。她曾和朋友说，有一段时间她把自己关在黑屋子里，不愿见人。

宋庆龄第二次来北京是在1929年。当时中山陵已经建好，她是来参加孙中山的迁葬仪式的。那个时候她也是非常伤心。两次来北京她都非常伤心，所以，1949年邓颖超同志携带毛泽东主席和周恩来总理的邀请信去上海邀请她北上时，她看到这两封信非常高兴，但也非常犹豫。她说北平是她的伤心地，但是，最终她还是欣然前往了。

黄：说起这段往事，我们必须要提宋庆龄与孙中山的这段婚姻，应该说他们的婚姻之路也是比较坎坷的。关于他们婚姻这段往事，也有很多影视作品。我们刚才听到的录音片段，就是曾经获得过飞天奖的影片《宋庆龄和她的姊妹们》，虽然电影已经有年代感，但我们还是能感觉出宋庆龄和孙中山在爱情中的悬殊和家人的反对，其中经历了种种的纠葛是吧？

杨：孙中山和宋庆龄的爱情确实不是一帆风顺，经历了很多的挫折。说到他们两人的身份和家庭，我们都知道，孙中山出生在一个非常贫困的家庭，19岁受父母之命，和商人之女卢慕贞结婚，婚后育有三个子女，儿子孙科、女儿孙娫和孙婉。孙中山和卢慕贞协议离婚之后，与宋庆龄结婚。

黄：他们身份、年龄悬殊啊。

杨：是的，宋庆龄出生在一个富裕开明的家庭。说到宋庆龄的家庭，一定要谈一下她的父亲宋耀如。宋耀如在国外接受过教育，回国后从传教士到后来兴办实业，经历也是富有传奇色彩。据说他 1894 年就和孙中山相识了，甚至可能更早一些。后来他成为孙中山革命的支持者和挚友，1894 年，他就跟着孙中山开始了革命事业，这时的宋庆龄正好一岁。那个时候，孙中山经常会到宋耀如家里和他一起探讨革命，所以，宋庆龄在很小的时候就已经见过孙中山。在这样特殊的家庭里，宋庆龄慢慢成长起来，到 14 岁的时候，她就选择了出国留学。

黄：宋庆龄和她的兄弟姐妹都是出国留学的，是和她父亲的经历有关的吧？

沈：是的，宋庆龄和她的兄弟姐妹都出国留学，在当时的中国家庭中十分罕见。她的父母希望他们的孩子能接受西方的文化熏陶，但她的父母令人敬佩的一点，是他们教育子女："你们要学成归国，报效祖国。"宋庆龄的父母从小教育子女要爱国，而且他们把孙中山当作英雄去崇拜。

杨：1913 年宋庆龄大学毕业后去了日本，因为当时她的父亲带领家人和孙中山一起流亡日本。在父亲的引荐下，宋庆龄来到孙中山身边做英文秘书，每天都和孙中山工作在一起。她了解到国内的革命形势，了解了孙中山的艰难革命历程，所以她对孙中山的工作、个人品格和生活方式都有了更深的了解。应该说，是共同的革命理想使他们走到了一起，产生了感情。1914 年，宋庆龄写信给还在读书的妹妹宋美龄，信中说："我从来没有这样快活过，我想，这类事情是我从小姑娘的时候起就想做的。我真的接近了革命运动的中心。我能帮助中国，也能帮助孙博士，他需要我。"从此他们开始默默地相爱了。1915 年 10 月 25 日，他们在日本结婚。当时孙中山 49 岁，宋庆龄只有 22 岁，他们的年龄相差 27 岁。

黄：这也是遭到宋庆龄家人极力反对的一个重要原因吧？

杨：是的。她和孙中山的婚姻当时的确有很大阻力。首先是来自她的家庭，她的父母当时是强烈反对他们这桩婚事的。宋庆龄的父母希望她能在上海过富裕、安逸的生活，但是他们结婚之后，宋庆龄的父母也是很快接受了这桩婚事，因为宋庆龄是父母最钟爱的女儿，而且宋耀如与孙中山也有着共同的革命理想。另外还有来自社会的反对，一些别有用心的政敌造谣，说孙中山没有离婚就和宋庆龄结婚了，这种说法直到 1925 年孙中山去世仍旧存在。

沈：卢慕贞和孙中山在 1915 年 4 月就已正式离婚。到了 1915 年 9 月，孙中山把卢慕贞接到日本，最终确定离婚。实际上，孙中山对卢慕贞也是很敬重的。卢慕贞是位家庭妇女，但她对上孝敬老人，对下抚养子女，对孙中山的家庭是有贡献的，只是她不理解孙中山的革命，她不愿意和孙中山一起去过颠沛流离的革命生涯，所以她很痛快地就同意离婚了。

黄：刚才我们谈到孙中山与宋庆龄的坎坷婚姻，有情人终成眷属。那么在宋庆龄故居里，是否能看到一些看得见摸得着的东西见证这一爱情呢？

沈：当然有。见证他们爱情的东西很多。大家知道，结婚的时候人们往往送的都是钻戒，但是孙中山送给宋庆龄的结婚礼物却是一把德国毛瑟牌手枪，它静静地摆放在故居的展厅里，很多人在那里流连，都说结婚怎么送枪呢？很多人不理解。他们是在 1915 年 10 月 25 日结婚，那个时候正是孙中山革命处于最低谷的时候，袁世凯派刺客随时要刺杀他，日本外务省也派人监视孙中山的行动。孙中山当时对她说：这把手枪配有二十发子弹，十九发是为敌人准备的，最后一发是在危急时刻留给自己的。什么意思？他们要有随时献身革命的思想准备。孙中山曾送给宋庆龄一副联语："精诚无间同忧乐，笃爱有缘共死生。"反映出他们同生死、共患难的恩爱情怀。

黄：说到他们的婚姻，朋友们也很好奇，微信平台上的卢西奥说："我看过介绍两个人爱情的书，但是为什么两个人这么相爱却没有孩子呢？难道也是因为革命吗？"

杨：是这样的。说到这个问题要谈一个历史事件，叫"观音山之战"，历史上也叫"陈炯明叛乱"，是一段能够反映他们夫妻之间真实"生离死别"的故事。1922年6月16日，广东陆军部长陈炯明因为反对孙中山北伐，突然叛变。当时孙中山、宋庆龄身边的警卫只有五十多人，陈炯明的叛军有几千人，所以情况非常危急。叛军很快包围了观音山，准备炮轰总统府和越秀楼。孙中山当时催促宋庆龄一同撤离，但宋庆龄对孙中山说："中国可以没有我，但不可以没有你。"她一直坚持让孙中山先行撤离。

黄：她是要掩护孙中山撤离？

杨：对。因为当时有个特殊情况，宋庆龄已经怀有身孕。1922年她和孙中山已经结婚七年，这是他们结婚以来第一次怀孕。孙中山知道宋庆龄脾气倔强，决定的事情谁也改变不了，只好化装成了一名中医，撤离后辗转登上永丰舰脱险。宋庆龄最后在两名卫士和一名副官的保护下，冲过枪林弹雨，才侥幸脱险。但是由于逃亡途中的劳累和精神紧张，宋庆龄最终流产，后来他们一直也没有孩子。

黄：这确实很遗憾。

杨：是的，宋庆龄很喜欢孩子。

黄：这就是为什么中国宋庆龄基金会一直致力于儿童事业。

沈：宋庆龄虽然没有自己的孩子，但是她非常关爱少年儿童。新中国成立后，她主持中国福利会的工作，为培养少年儿童做了大量的工作。比如，成立了新中国第一座少年宫、第一个儿童艺术剧团，创办了新中国第一本儿童刊物——《儿童时代》，等等。

黄："孩子"在她心中。对她自己来说，没有孩子可能是一种遗憾，但她把这份爱给了所有的中国少年儿童。

杨：宋庆龄虽然没有孩子，但她被誉为全中国少年儿童的慈爱祖母。

黄：说到宋庆龄，有人说，宋庆龄的一生曾面临两次重大选择，如果说第一次选择是选择了孙中山，那么第二次选择就是选择了中国共产党，选择了革命道路。但我们知道，宋庆龄的党龄只有15天，是吗？

沈：是这样，宋庆龄为什么站在中国共产党这边？孙中山去世之后，曾经追随孙中山的蒋介石、汪精卫等人，先后背叛了孙中山的三大政策，而宋庆龄是孙中山三大政策的坚定继承者。三大政策是"联俄、联共、扶助农工"。宋庆龄后来这样说，我认为孙中山的三民主义的真正继承者是中国共产党，只有中国共产党才能救中国。宋庆龄认为，中国共产党是代表中国工农大众利益的，所以她选择和中国共产党站在一起。1927年大革命失败之后，她与国民党右派决裂，表明原则立场。在抗日战争期间，她募集大量物资，主要运往新四军、八路军，运往中国共产党领导的抗日根据地，有力地支持全国人民的抗日斗争。抗日战争胜利后，宋庆龄希望中国能走上和平建国的道路，但是以蒋介石为首的国民党挑起内战。这时候，宋庆龄又为解放区募集物资。1949年，国民党代总统李宗仁曾给她写信，邀请她去南京出任领导，她没有同意。同年6月，毛泽东和周恩来写信给宋庆龄，邀请她北上参加新中国的创建，她欣然同意。1949年8月28日，宋庆龄抵达北平，毛泽东、朱德等中共领导人全部到火车站迎接。毛泽东提前一小时到火车站，而且站立等候，规格是最高的。

新中国成立后，宋庆龄多次提出要加入中国共产党，中共中央经过慎重考虑，认为她如果留在党外，对国家和中国革命所起的作用更大一些。中国共产党对她非常信任，1956年邀请她参加中共八大，1957年参加以毛泽东为团长的中国党政代表团去苏联访问。在她生命最后的时候，她再次表达加入中国共产党的愿望，当时中央政治局一致决定接收她为中共正式党员，实现她的夙愿。

杨：这一天距离她去世正好15天，她是在1981年5月15日入党，5月29日去世的。在她生命的最后时刻，终于完成了她的心愿。

黄：刚才二位也给我们介绍了很多宋庆龄的传奇事迹，接下来我们要说一说她的故居，我们从哪里能够体味到她的人生轨迹呢？网友灰灰蓝说："一直追着听你们的故居系列，每个故居都有镇馆之宝，我想知道宋庆龄故居有吗？"

沈：有，而且很多。我们要为大家介绍的是一件绣服，是宋庆龄母亲结婚时穿的，作为结婚礼物，母亲又送给她，她一直珍藏了很多年。

黄：看来宋庆龄的父母开始反对她的婚姻，后来还是同意了。

沈：不仅同意了，还送了她一份丰厚的嫁妆，绣服是其中一件。绣服上衣是黑色的底，下裙是红色的底，上面的刺绣很精美。比如上衣绣有仙鹤叼着灵芝，代表长寿，麦穗代表五谷丰登；下裙绣有蝙蝠，代表福寿，都是美好的寓意。宋庆龄非常珍爱它，但是1950年后，她却将这件绣服送给了一位美籍的日本朋友有吉幸治。

黄：为什么呢？

沈：有吉幸治先生在抗日战争期间曾经支持过中国人民的抗战。20世纪50年代初，美国制定了《史密斯法案》，借以打击美国的共产党人。有吉幸治也被捕入狱了。宋庆龄知道后，托朋友将这套绣服带给他的家人，并说，你们把绣服变卖了，用这个钱营救他出狱。可是，有吉幸治的家人没有这样做，而是珍藏起来。20世纪70年代初，有吉幸治先生拿着绣服到中国，归还给宋庆龄。宋庆龄说，我送你的东西哪能再收回呀！她没有收。有吉幸治先生于1976年去世。1981年宋庆龄逝世的当年，有吉幸治的儿子——小有吉幸治先生再次来到中国，将这套绣服送还中国，来表达对宋庆龄的纪念。

黄：她这么珍爱的东西，为了朋友，为了革命事业，也愿意献出来。

沈：对，绣服也是一种和平的象征。

黄：我也看到很多宋庆龄的照片，多数是穿着旗袍，打扮得非常端庄典雅，她非常有女性魅力。这些是不是能够从她生活的点点滴滴，从她生活中使用的东西体现出来呢?

杨：宋庆龄从小接受西方文化教育，但是她很热爱中国的传统文化。衣着方面她很喜欢穿旗袍，珍藏了很多件旗袍，在我们馆内也展示了一些。但其中有一件不是她自己穿的，是抗日战争期间她送给一位国际友人的。当时这位友人在菲律宾募捐，宋庆龄说：如果你穿着中国人的服装，为中国的抗战募捐，效果会更好一些。这位友人在1999年去世前，托朋友将旗袍送回中国，表达对宋庆龄的纪念。在生平展的展厅里有一件宋庆龄非常喜欢穿的旗袍，蓝底白点的旗袍，是1938年她在香港创建保卫中国同盟时，和保盟部分领导人合影时穿的，也是抗战期间她经常穿的。她喜欢的颜色是蓝色、绿色、黑色等，基本上都是冷色调，很稳重的颜色。她的旗袍都是端庄的长款，很素雅。2016年是宋庆龄逝世35周年，5月29日这一天，故居在南楼隆重向公众推出了一个展览，叫《素风雅韵——宋庆龄生活用品展》，也欢迎大家到宋庆龄故居去参观这个展览。里面有很多的文物是首次向公众展出。

沈：其中有宋庆龄的旗袍，还有她喜欢的瓷器。她喜欢弹钢琴，所以展出了她的琴谱，包括她的一些生活用品。

黄：听说她的一些化妆品，那个时候就是很时髦的品牌。

杨：有兰蔻的、雅顿的、纪梵希的化妆品。

沈：宋庆龄是一位革命者，但是她也有着很高的审美修养。无论是接待重要客人还是普通客人，她都要化妆。她认为那是对客人的尊敬和礼貌。所以，她的日常用品中有香水，有梳头用的梳子，也有她的粉底。宋庆龄一方面很注意自己的形象，另一方面她也很节俭。比如她患有严重的关节病，她让工作人员用三种毛线头拼织成一个毛裤腿，穿着御寒。我们通过这个文物展，是想向观众真实地展现生活中的宋庆龄，比如她在音乐上的修养，她在文学上的修养，她在艺术方面的修养，等等。

黄：除了文物之外，宋庆龄故居在园林设计方面也是特别棒，是吗？

沈：宋庆龄故居在名人故居中算是大的，而且景色宜人。园内有一个仿苏州狮子林扇亭而建的箑亭，是一个比较有特色的亭子。它不是坡屋顶的结构，而是平屋顶结构，像张开的扇子一样的形状，坐落在花园的东南角，是八卦中的巽位，代表风的意思，和花园西南角的一个L形听雨屋遥相呼应，有风调雨顺的美好寓意。这些都是醇亲王府原有的古建筑。当然，故居的古树也很有名。

杨：宋庆龄故居最老的古树有500多年了，很有名。它的形状奇特，叫"凤凰国槐"，名字是宋庆龄为它取的。从远处看，它特别像一只欲飞的凤凰，西边高高翘起，东面枝垂匍地。园林专家到故居考证，说是这棵树在历史上遭受过雷击，所以长成现在这种形态。故居有很多这样的古树、古建，欢迎游客参观。

黄：还有她钟爱的鸽子，也养了很多是吗？

沈：是的。宋庆龄养的是北京的观赏鸽。据说她非常会养鸽子，她一吹鸽哨，鸽子就会飞到她手里吃食。

黄：所以说宋庆龄故居有很多值得大家来看的东西。最后请和大家说一下故居开放的时间。

沈：宋庆龄故居上午9：00开馆，夏季（4月1日到10月31日）闭馆时间是17：30，冬季闭馆时间是16：30。故居每年只有春节期间闭馆，其他时间都是正常开放。

录音材料由宋庆龄故居沈斌、杨晓洁整理

经典案例

"文化名人与民族精神"展览走进广西贺州

王 静 刘慧利 整理

一 展览主旨

中华民族历史悠久，中华民族的伟大精神几千年来绵延不断，但其嬗变开始于19世纪中叶。鸦片战争以后，中国屡遭西方列强的侵略。特别是甲午战争以后，中华民族处于空前危难的境地。

在民族生死存亡的关键时刻，许多先进知识分子开始思考和讨论中国国民性的问题，把改造国民精神与救亡图存相结合。新文化运动开始后，在西方民主与科学思想的影响下，他们把希望寄托在新一代青年身上，希望年轻人为了中华民族，以"回天再造之精神"，实现民族精神的现代转化和凤凰涅槃，创造"青春之中华"。

本次展览展出了大量珍贵历史照片、文字资料以及80余件实物展品，展示了宋庆龄、李大钊、鲁迅、郭沫若、茅盾、老舍、徐悲鸿、梅兰芳八位中国文化名人的生平事迹，着重表现了他们在中华民族面临危难的时刻，艰辛探索救亡图存的道路，力求改造和培育中华民族的精神。希望通过本次展览，观众能够直观感受到他们伟大的爱国主义情怀和高尚的民族精神，从而激励今人为实现中华民族伟大复兴的中国梦而不断前行。

二　主办单位、承办单位

主办单位：北京市文物局、北京博物馆学会、中共北京市西城区委宣传部

政协贺州市委员会、中共贺州市委宣传部

承办单位：宋庆龄故居、李大钊故居、北京鲁迅博物馆（北京新文化运动纪念馆）、郭沫若纪念馆、茅盾故居、老舍纪念馆、徐悲鸿纪念馆、梅兰芳纪念馆

政协贺州市委员会办公室、贺州市文化新闻出版广电局、贺州市文学艺术界联合会

三　展览时间

2016年6月22日—7月22日

四　展览地点

广西壮族自治区贺州市博物馆、贺州市图书馆

五　展览开幕式

2016年6月22日，"文化名人与民族精神"展览开幕式在广西壮族自治区贺州市举行，由贺州市政协副主席于枝周主持。贺州市副市长朱东和"文化名人与民族精神"展览代表团团长刘祯，分别在仪式上致辞。

八家名人故居纪念馆向贺州市博物馆、贺州市图书馆赠送了书籍和

"文化名人与民族精神"展览走进广西贺州

书画复制品，贺州市向八家名人故居纪念馆回赠"麒麟尊"复制品。北京鲁迅博物馆的张燕为贺州市领导和学生们讲解了展览（图一至图五）。

图一 "文化名人与民族精神"展览开幕式

图二 "文化名人与民族精神"展览开幕式

文化名人与文化景观

图三 "文化名人与民族精神"展览开幕式

图四 学生参观展览

图五 贺州市领导参观展览

六　相关文化活动

双方举办了"中国文化名人民族精神与贺州建设文化强市座谈会",代表团成员、贺州市政府和学术界代表在座谈会上踊跃发言,为发展贺州的文化事业建言献策(图六)。

代表团还到贺州学院考察,参观了贺州瑶族服装与服饰文化传承馆、贺州学院语言博物馆、族群文化博物馆,与这些博物馆的同人进行了学术交流与业务交流(图七)。

图六　"中国文化名人民族精神与贺州建设文化强市"座谈会

图七　展览代表团考察贺州学院

郭沫若纪念馆副研究员张勇，还为 300 余名贺州市干部和学生做了题为"抗战时期郭沫若的文化情怀及启示"的讲座（图八）。

图八　张勇为学生、干部做"抗战时期郭沫若的文化情怀及启示"讲座

附录

"文化名人与民族精神"展览代表团团长刘祯在开幕式上的致辞

尊敬的市委常委、宣传部长、朱东副市长，

市政协于枝周副主席，

各位领导、来宾和朋友们：

大家好！今天，我们的主题展览"20 世纪中国文化名人与民族精神"走进了美丽的贺州，我代表北京八家名人故居纪念馆，对贺州市

委市政府、政协贺州市委员会和贺州市委宣传部的大力支持表示衷心感谢！对展览的开幕表示热烈祝贺！

习近平总书记指出："实现中华民族伟大复兴，就是中华民族近代以来最伟大的梦想。"我们中华民族具有悠久的历史和非凡的创造力，中华民族的伟大精神几千年来绵延不断。然而近代以来，中国屡遭外敌侵略，中国人民遭受了深重的苦难，付出了巨大的牺牲，中华民族的危难达到了空前的境地。

在民族生与死的关键时刻，以宋庆龄、李大钊、鲁迅、郭沫若、茅盾、老舍、徐悲鸿和梅兰芳为代表的中国知识分子和文化名人，探索救亡图存的道路，力求改造和培育中华民族的精神。我们制作《文化名人与民族精神》这一展览，希望展示和弘扬八大文化名人伟大的爱国主义情怀和高尚的民族精神，激励今人为实现中华民族伟大复兴的中国梦而不断前行。

同时，我们带来了有关八大文化名人的书籍和书画复制品，分别捐赠给贺州市博物馆、贺州市图书馆。我们希望将它们作为小小的礼物，宣传八大名人的民族精神，讲好中国故事，弘扬时代精神，传播中华文明，并向社会展示我们名人故居纪念馆的研究成果。

经过中华民族的不懈奋斗，现在我们比历史上任何时期都更接近中华民族伟大复兴的目标，因此更不能忘记先人的艰辛探索和努力拼搏。我们希望通过今天这样的活动，不断地走出故居，走出馆舍，发挥博物馆的社会功能，把展览和文化带到全国各地，将八大文化名人留给我们的宝贵文化遗产分享给社会各界，让他们的伟大精神永远流传下去！

最后，预祝这次展览圆满成功，谢谢大家！

漫说八馆

宋庆龄故居

宋庆龄故居坐落在北京风景秀丽的什刹海后海北沿。

文化名人与文化景观

故居占地面积 2.5 万平方米，建筑面积约 5000 平方米。康熙年间原是明珠府邸，纳兰性德常在此邀友人诗词唱和。数易其主，后为末代皇帝溥仪的父亲醇亲王载沣的府邸花园，也称"西花园"。是清末京城"四大府邸花园"之一。

1962 年，周恩来总理受党和政府的委托，亲自筹划，决定借此王府花园，精心设计改造，葺旧更新，在原来主体建筑以西，接建一座中西合璧的二层小楼，作为宋庆龄的住所。

宋庆龄故居

1963 年 4 月至 1981 年 5 月，宋庆龄在此生活了 18 年。

中院两株海棠已有近 200 年历史，每年 4 月 10 日前后开花，为京城赏花的一处盛景。

一楼会客厅，主楼内部是宋庆龄生前原状陈列展。

文化名人与文化景观

二楼是书房、卧室兼办公室。

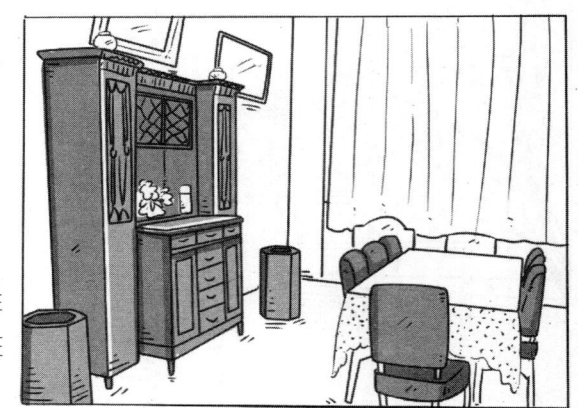

一楼小餐厅,宋庆龄生前在此用餐,曾多次在这里宴请中外宾客。

大餐厅(畅襟斋)是宋庆龄生前宴请国内、外宾客和国家领导人的场所。

1981年5月29日，宋庆龄卧室外的这架老式的挂钟，指针永远停留在20:18，宋庆龄与世长辞。

宋庆龄生平展，以生动的图片和珍贵的文物，翔实地介绍了"国之瑰宝"宋庆龄伟大光荣的一生。

文化名人与文化景观

文华胡同 24 号是北京李大钊故居。

故居复原陈列主要反映 1920 年春至 1924 年 1 月期间李大钊的家庭生活和革命活动。

李大钊的故居为一个三合院，占地面积约 550 平方米，有北房 3 间，东、西耳房各 2 间，东、西厢房各 3 间。

李大钊故居

北房堂屋内悬挂李大钊多次书写的对联"铁肩担道义,妙手著文章",是其光辉一生精神风范的真实写照。

北房东屋是李大钊、赵纫兰夫妇卧室。李大钊非常喜欢这处住宅,这里是他与妻子儿女生活在一起最快乐、最开心的地方。

文化名人与文化景观

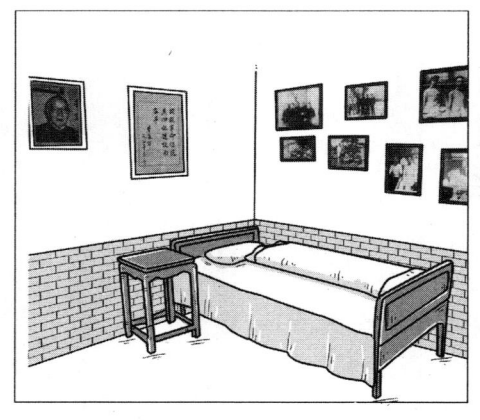

东厢房北屋是李大钊长子李葆华的住室。

东耳房是李大钊次女李炎华、次子李光华的卧室。

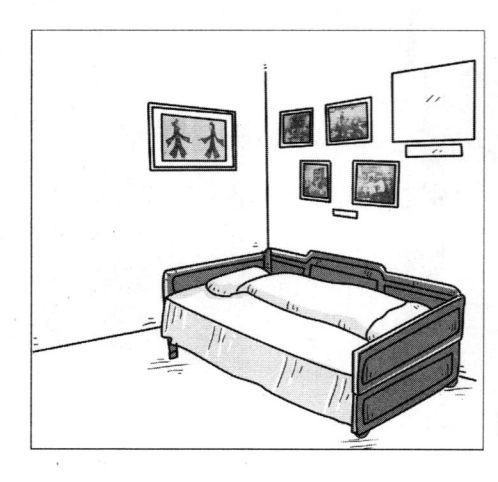

西耳房是李大钊长女李星华的卧室。

李大钊故居

东厢房南屋是客房。李大钊的家是青年朋友谈心的地方,来到这,住在这,和在自家一样。瞿秋白、邓中夏、赵世炎、高君宇、张太雷等许多青年朋友在此借住过,感受过李大钊师长般的关爱和教诲。

西厢房是李大钊的书房,在这里,李大钊主持过党的会议。

文化名人与文化景观

李大钊家的电话号码是西局2257，说明当时大学教授在社会上的地位很高。

如今的李大钊故居已成为"北京市爱国主义教育基地"。

北京鲁迅博物馆（北京新文化运动纪念馆）

鲁迅故居位于阜成门内宫门口西三条 21 号。鲁迅于 1924 年 5 月 25 日迁此居住。

西三条地处阜成门城墙边，当年是北京比较穷苦的居民区。

文化名人与文化景观

居住在这里的都是拉人力车、赶骡车的贫苦老百姓。鲁迅就住在这样的居民区里。

鲁迅故居是北京一座普通的小四合院，从建筑到空间陈设，都是比较简朴的。

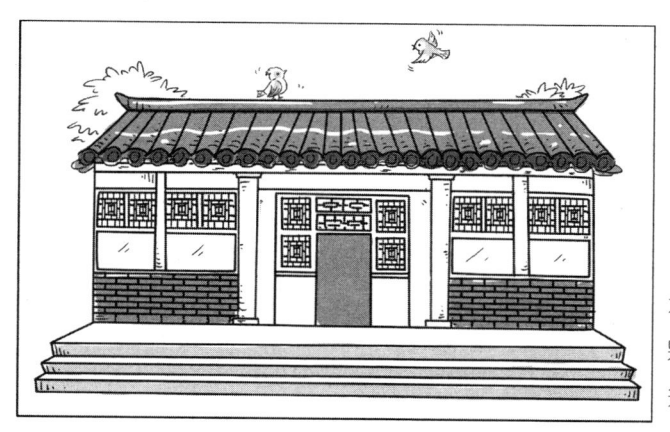

北京鲁迅博物馆（北京新文化运动纪念馆）

北屋东、西两房分别是鲁迅的母亲和夫人朱安的住室。

中间为起居室兼餐厅。

· 245 ·

文化名人与文化景观

北屋当中向北突出的一小间，面积仅有8平方米。

由于是拖在屋后的，像是一只老虎卧坐时甩出的尾巴，人们称它为"老虎尾巴"，鲁迅称它为"灰棚"。

在这里，鲁迅完成了左侧这些文集中的大部分作品。

北京鲁迅博物馆（北京新文化运动纪念馆）

鲁迅的小屋，是先生伟大精神的缩影。

在"老虎尾巴"里，陈列着先生的工作和生活用具。

桌上有高座煤油灯、可定时的闹表、"金不换"小楷笔、沏浓茶的盖碗、频繁吸烟所需的烟灰缸。

· 247 ·

文化名人与文化景观

郭沫若的家在美丽的什刹海前海西侧。

纪念馆大门上方悬挂着邓颖超题写的"郭沫若故居"牌匾。

四合院的东、西厢房以及后排房东、西房为郭沫若生平陈列室。

垂花门前的古钟和庭院里的石狮，都是郭沫若生前的收藏。

文化名人与文化景观

陈列展示了这位百科全书式的人物在文学、历史、考古、翻译等领域的成就和为和平运动所作的贡献。

故居里陈列着一件日本式木匣，木匣里曾经装有九种有关甲骨文、金文方面著述的手稿，是郭沫若流亡日本期间的学术研究精华。

故居中，客厅、办公室、卧室几间屋子的陈设都保持着原样。

前排正房分别是客厅、办公室、卧室。

庭院中的妈妈树，是郭沫若带着孩子们从西郊大觉寺移植而来，寓有"孩子们少不了妈妈"的深意，希望当时病中的妻子早日康复，回到孩子们和自己身边。1963年，郭沫若一家从西四大院胡同迁居这里，也把这棵妈妈树作为家人一起带来。

深深庭院，岁月沧桑。高大的银杏树下，郭沫若的雕像，依然凝思独坐。

文化名人与文化景观

在《北平庙宇通检》中记载，东城区交道口附近有座著名的圆恩寺。

圆恩寺早已寻不见影踪，但有位大名人的故居就在后圆恩寺胡同。

茅盾故居

茅盾故居为两进四合院。

门内影壁镶有邓颖超题的"茅盾故居"大理石横匾。

· 253 ·

文化名人与文化景观

前院开辟三间房，用于展示茅盾生平。

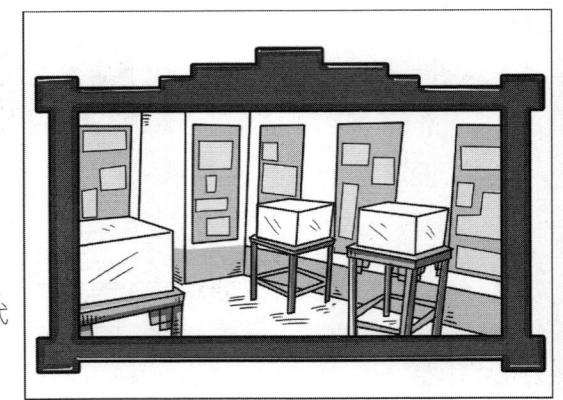

陈列室有茅盾从青少年时代至逝世时期的实物和图片。

有手稿、信件、手迹，还有两篇茅盾上小学时写的作文。

茅盾故居

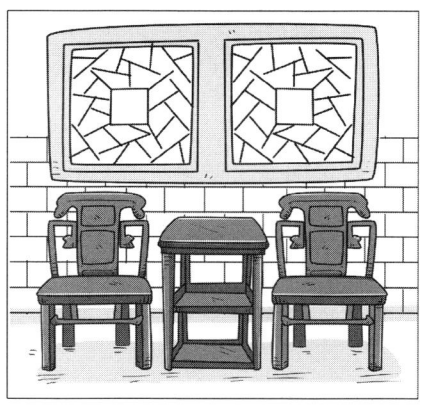

前院会客厅和后院主卧，按照茅盾生前的样子布置。

文化名人与文化景观

在茅盾先生的故居有一样文物，大家猜猜看是做什么用的？

这台老冰箱是1949年茅盾定居北京后，夫人孔德沚从旧货市场上买来的，一直使用了20年才被淘汰。

故居里有座长方形的葡萄架，架上装了个木秋千，茅盾时常陪孙女在这里玩耍。

老舍纪念馆

"丹柿小院"是老舍先生的家。

它隐藏在王府井步行街附近的一片胡同的海洋里。

它所在的胡同有个好听的名字,叫"丰富胡同"。

文化名人与文化景观

五彩影壁上贴着"福"字。

还有两棵老舍亲手种下的柿子树，树下有很大的鱼缸。

正房保持了老舍当年生活的原貌。

老舍纪念馆

老舍很低调,他说他是文艺界的一名"小卒"。

"小卒"的家虽然不大,但很舒适和温暖,充满了浓浓的京味儿。

两侧厢房现在是老舍生平的展室。

文化名人与文化景观

在丹柿树下享受暖暖的阳光，眯上眼睛，依稀能听到老北京走街串巷的叫卖声，人力车飞奔的车轮声，和亲切的、家长里短的寒暄声。

徐悲鸿纪念馆

1954年，在北京市东受禄街16号原徐悲鸿故居的基础上，建立了新中国第一座美术家个人纪念馆，周总理特为纪念馆题写了"悲鸿故居"四字。

这庭院是徐悲鸿用卖画的钱买下来的，院门不大，门前有两个石礅。经门道入院内，映入眼帘的是老槐树、椿树和徐悲鸿亲手种下的树木，每到夏日，枝繁叶茂，充满生机。

文化名人与文化景观

后因修建地铁，1973年，在毛主席、周总理的关怀下，"悲鸿故居"迁至西城区新街口大街53号。1983年，新建成的徐悲鸿纪念馆对社会开放，郭沫若题写了"徐悲鸿纪念馆"馆名。

园中伫立着徐悲鸿的立像。

厅内依徐悲鸿生前原貌，复原一间画室和起居室，陈列着他使用过的画笔、画板和颜料。前面是一把藤椅，画架上放着他最后一幅未竟之作《鲁迅与瞿秋白》，墙上悬挂着徐悲鸿书写的鲁迅的"横眉冷对千夫指，俯首甘为孺子牛"对联。徐悲鸿自奉清廉，一直保持着节俭朴素的生活作风和严谨刻苦的治学态度，这副对联也是徐悲鸿一生的自我写照。

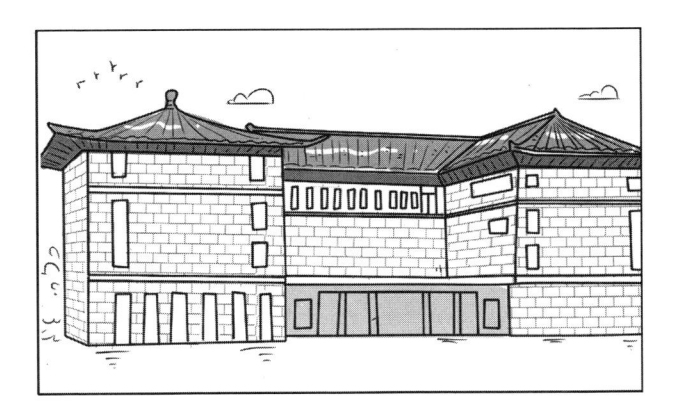

2013年4月，新纪念馆在原址奠基重建。新馆分为四层展区：一层展区还原了故居场景，二层、三层展区为徐悲鸿个人作品展，四层为临时展厅。展厅面积达10000余平方米，初定于2017年对社会开放。

新馆占地3900余平方米，分为7个展厅，展览着徐悲鸿的油画、国画、素描以及书法等真迹。

文化名人与文化景观

馆藏名画欣赏之《奔马》。

馆藏名画欣赏之《愚公移山》。

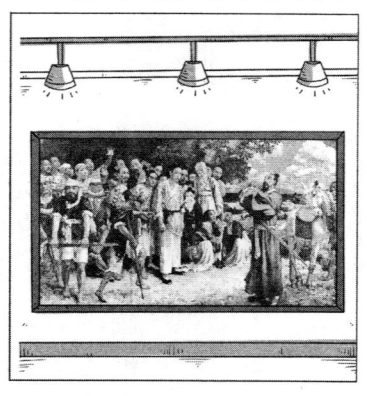

馆藏名画欣赏之《田横五百士》。

梅兰芳纪念馆

北京西城区护国寺街9号，是杰出的京剧表演艺术家梅兰芳的故居。

纪念馆正门上方，悬挂着邓小平亲笔题写的匾额。

进入纪念馆内，迎面青砖灰瓦的影壁前，安放着梅兰芳的半身雕像。

文化名人与文化景观

在屏门内木影壁前，摆有四个石质刻花小圆墩和一个小水池。

院中有两棵柿子树和两棵海棠树，寄托着"事事平安"的美好愿景。

梅兰芳纪念馆

正院北房保存故居原貌，有会客厅、书房、起居室。

外院南房为展厅，精选了大量珍贵图片及资料。

文化名人与文化景观

外院南房向观众介绍梅兰芳的艺术活动及社会活动，并播放梅兰芳经典剧目的录像。东、西厢房另有专题展室。

遥想当年，梅兰芳就是在这棵树下清唱、起舞、练剑，或给子女、弟子说戏的。

梅兰芳纪念馆

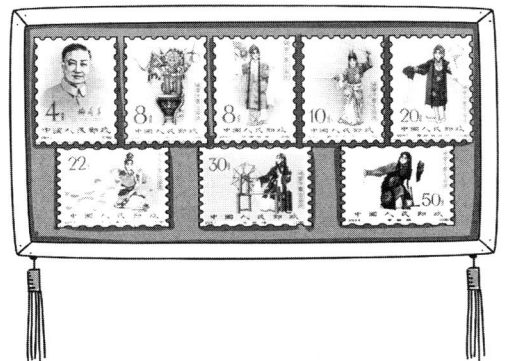

时光倒流，音韵悠扬，梅兰芳塑造出一个个光彩夺目的舞台形象。

宣宣也忍不住起舞清唱……

后　　记

　　岁末年初之际，北京八家名人故居2016年活动文集编辑完成了。每年文集的出版就像报春的燕子一样，轻盈而愉悦。文集编纂的目的，是总结过往的得失，积蓄来年的能量，迎接充满阳光的春天。北京八家名人故居的文化活动，正如这旭日东升的春天朝阳，虽然不是那么强烈和刺眼，却以风雅之气滋润心田，暖人心脾。

　　"咏物言志，诗香风雅"是这本文集力求达到的高度。2016年，北京八家故居文章的编选，更加注重理论研究的学理性与社会接受的适合性的统一，在栏目设置上，力求多元性与持续性的统一。

　　理论研究是文集的基础，没有理论的提升和学理的总结，何谈社会进步？因此，"理论前沿"栏目在编选文章时，既有对名人精神方面的学术研究，也有展览展示方面的理论探索。"影像手札"栏目记录了参与展览活动同人的所思、所想和所感，他们是我们博物馆人永远在路上的影像记录。"走进故居"栏目则选择了不同类别的参观者对名人故居印记的书写，这些书写真实而感动，朴实而厚重。在"媒体视野"栏目中，我们整理了由北京人民广播电台城市广播对北京八家名人故居的访谈。"漫说八馆"栏目更是我们一个新的尝试，用动漫的形式来展示北京八家名人故居的点点滴滴。通过设立这些栏目，我们表达了对于博物馆未来发展的期许和美好的愿景。

后　记

　　"感谢"是我们永恒的话题，没有社会各界同人的帮助、支持和理解，没有八家名人故居同行的合作、共享和协助，北京八家名人故居便不会取得今天的成就。"匝路亭亭艳，非时裛裛香"，愿我们的付出正如盛开的梅花一样，散发出浓郁的芬芳，感染了你们，升华了我们。

编　者
2017 年春于北京